ゼロからわかる・できる！

介護事業のためのBCP入門

1冊で基本から運用、復旧まで

サンタフェ総合研究所 編

実業之日本社

はじめに

本稿執筆時点（２０２０年12月1日現在）では、国内での新型コロナウイルスの感染者数は14万８６９４人、死亡者数は２１３９人にのぼり、新型コロナウイルスは引き続き猛威を振るっている。同年1月16日の日本で第1号の新型コロナウイルス感染者発生や、２月３日の多数の感染者を乗船させたクルーズ船「ダイアモンド・プリンセス号」の横浜港入港が、すでに遠い昔のように感じられる向きも少なくないだろう。

新型コロナウイルスの特徴のひとつとして、高齢者および基礎疾患を有するケースでは重篤化しやすい。アメリカでは、政府系研究機関の調べによると、６月時点で高齢福祉施設での死亡者数が２万６０００人に達し、全死亡者の24％を占めている。欧州における介護施設入所者の感染死亡者の割合はさらに高く、ＡＦＰ通信によるとフランスが49％（４月15日）、スペインが53％（４月17日）、イギリスは約30％（５月1日）である。

日本でも高齢者が罹患《りかん》した場合の死亡率はきわめて高く、高齢者施設での感染拡大は入所者にとって命とりになりかねない。

新型コロナウイルスのみが注目されがちであるが、震災や風水害発生時にも高齢者には多くの危険が潜んでいる。内閣府によると東日本大震災の犠牲者1万5786人のうち60歳以上の死者・行方不明者は1万85人、全体の64％にのぼる。59カ所の高齢者施設では、578人もの要介護、要支援者の死亡・行方不明が確認されている。わが国周辺は、4つの大きなプレートが交錯する地震多発地帯である。気象庁によると、世界で発生しているマグニチュード6以上の地震のうち20％が、わが国周辺で発生している。内閣府中央防災会議は「今後30年以内に関東、東海、南海周辺でのマグニチュード7以上の地震発生確率は30％」と、大地震発生への備えを呼び掛けている。2020年7月の「令和2年7月豪雨」では、熊本県球磨《くま》村の特別養護老人ホーム（以下、特養）において65名の入所者のうち14名が濁流にのまれ犠牲になった。近年の地球温暖化により大気の状態が不安定化し、降水量の異常な増加による洪水被害も多発している。新型コロナウイルス感染拡大が収束する道筋がなかなか見えない中、地震の発生、台風や線状降水帯の活発な活動による洪水被害発生などからくる複合災害の危険性も増大しているのがわが国の現状であろう。

わが国を取り巻く環境からは、事業継続計画（ＢＣＰ：Business Continuity Plan）はどの組織、機関にも必須の計画である。とくに命を預かる高齢者福祉施設にとって、絶対欠くことのできない災害対処計画であろう。

ひとりでも多くの高齢者、要介護者などの命を救うため、社会福祉法人善光会サンタフェ総合研究所の「サンタフェ総研ＢＣＰチーム」は、社会福祉業界の一員として、介護福祉施設におけるＢＣＰ対策を推進していくことを使命としたプロジェクトを立ち上げた。そのプロジェクトの研究成果として、本書では「介護施設が策定すべきＢＣＰ」の詳細を議論する。善光会における「新型コロナウイルスとの戦い」からＢＣＰの必要性を再確認し、介護施設におけるＢＣＰを策定するために検討すべき事項を網羅的に解説した。

なお、２００５年に設立された善光会は、大田区と葛飾区に18の介護事業を展開する、従業員数５１１名の社会福祉法人である。２００７年、東京都大田区に複合福祉施設「サンタフェガーデンヒルズ」を開設した。経営理念として「オペレーションの模範となる」

「業界の行く末を担う先導者になる」を掲げる。サンタフェ総合研究所は、２０１７年、社会福祉法人善光会の付属機関として設立され、介護ロボット研究、マーケティング支援、プロモーション支援などを手掛けている。福祉事業者に効果的に活用していただく経営支援事業も行っている。

ゼロからわかる・できる！

介護事業のためのBCP入門　目次

1冊で基本から運用、復旧まで

第二部　BCP（事業継続計画）

第3章　BCM、BCPの全体像

第4章　事業継続の基本方針と影響分析

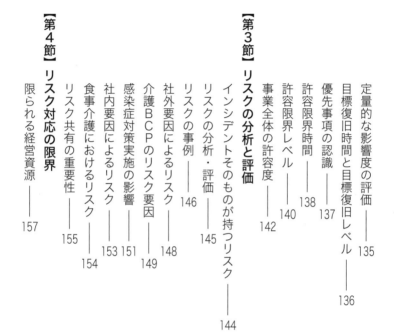

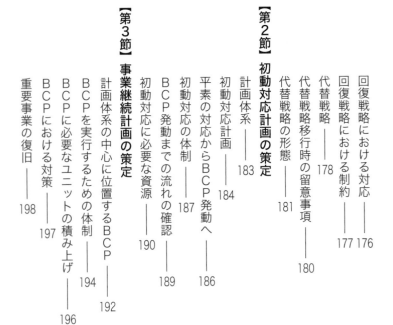

【第2節】初動対応計画の策定

【第3節】事業継続計画の策定

第6章　教育、訓練および改善

装丁　ソウルデザイン
編集協力　バウンド
カバー写真　Getty Images

第一部

新型コロナウイルスと介護施設

【寄稿】

介護従事者は新型コロナの感染拡大をどう防ぐか

白鷗大学教育学部教授　岡田晴恵

２０２０年、新型コロナウイルス感染症（ＣＯＶＩＤ-19）が世界的流行（パンデミック）となっており、感染者数は世界全体で６２９５万３５５６人、亡くなった人は１４６万３３４９人にのぼっている（２０２０年12月1日現在）。日本でも気温の低下に伴い、北海道など北部地域から感染者数の増加が起こっている。そもそも人の風邪の原因の15％程度はコロナウイルスによる。これまでに4種の風邪コロナウイルスが見つかっているが、これら風邪コロナウイルスも四季のある温帯地方では冬を中心に流行する。一般的にコロナウイルスやインフルエンザウイルスなどのような脂質二重層の膜（エンベロープ）を持つウイルスの呼吸器感染症は、乾燥低温の冬季に流行のピークを迎えやすい。この経験からも新型コロナウイルスの冬季流行に備える必要がある。

さらに気がかりな現在の状況は、新型コロナウイルスの感染者のうち感染経路不明がそのほとんどを占め、すでにクラスター（集団感染）の追跡調査が出来難くなっていることである。クラスターが小さく、その数も少なく点在しているうちは疫学的調査も可能である。しかし、一旦流行が拡大してクラスターが繋がった流行形態（点がつながって面になった状態）となった場合には、クラスター追跡・調査は事実上不可能になる。クラスター対策は限界がある。感染経路不明者が多くを占める現状はまた、国内での市中感染率の上昇を強く示唆する。このような市中感染率が高い状況下で、コロナウイルスが不活化し難くなる低温とマイクロ飛沫（飛沫がより小さくなり、空間に漂ってエアロゾル感染を起こしやすくなる微細な粒子）が生じやすくなる乾燥という環境因子が揃えば、感染者数が急増していくと強く想定される。

私はこの状況を恐れて、一貫して感染者数を抑える対策を打つべきであると主張してきた。ＰＣＲ検査体制を整備して、広く検査を拡充して陽性者を見つけ、隔離または自宅待機を要請するべきであると考えた。それは、市中感染率を低く抑え、冬季を迎えても感染者が急増することを防ぐことを目的とした。新型コロナウイルスは、例えれば水のようなものである。水の量が多くないうちは問題ないが、大水になって浸水してしまうと人々は困った状況になる。新型コロナウイルス感染症も感染者数が少なければ、そのほとんど（約８割）は治る疾患であるとされるので、重症者数が増加しなければ医療対応が可能である。しかし、感染者数が増加・急増すれば、約２割の感染者は肺炎などが増悪して重症患者が発生し、その人数が多くなれば医療機関を圧迫する。さらに高じればヨーロッパ諸国などで春の大流行で起こったような医療崩壊につながってしまう。如何に医療が対応できるレベル以下に重症者を抑えるかが大切で、そのためには市中の感染者数を抑えることが新型コロナウイルス感染症の対策の要諦である。シンプルではあるが、これが出来難いため、現在のようなパンデミック状況に陥っているのである。

コロナウイルスはさまざまな動物に感染し、多くは家畜などの動物のあいだで流行して問題を起こすウイルスと過去には考えられてきた。人に風邪の症状を起こす、風邪コロナウイルスが4種類確認されてはいたが、いずれも予後良好の軽い疾患で、医学的にはコロナウイルスは特に問題のないウイルスとされてきた。

この認識を覆したのが2002年冬に中国で発生し、2003年に問題となった重症呼吸器症候群（SARS：severe acute respiratory syndrome）である。中国・広東省で原因不明の重症な非定型性肺炎（βラクタム系抗生物質が効かない肺炎）の発生とあって、当時、次なる新型インフルエンザとして有力視されていたH5N1型鳥インフルエンザが、とうとう人から人への伝播力を獲得し、新型インフルエンザに変異したのではないか？との強い危機感がもたれた。しかし、調べてみるとこの重症肺炎の原因ウイルスは予想外にもコロナウイルスであったため、SARSコロナウイルス（SARS-CoV）と命名された。このSARSの致死率は約1割にも上り、「コロナウイルスがこのような重篤な感染症を人に起こすのだ！」ということが驚異をもって研究者の中で認知された。

２０１９年に発生した新型コロナウイルスは、このSARSコロナウイルスとゲノム・遺伝子レベルで高い相同性を持つため、SARS‐CoV２と命名された。SARSコロナウイルスは、キクガシラコウモリを自然宿主とし、中間動物としてハクビシンを介して人に感染、宿主動物を変える（種を越える）変異を起こして、人から人へ連続伝播する能力をもって流行を起こした。今回の新型コロナウイルスも中間動物は未だ確定していないが、同じようにコウモリのウイルスが遺伝子変異を起こして、人の社会で流行を起こしたものと考えられる。21世紀のグローバル化した社会では、地球の一地点で発生した感染症も高速大量輸送の人の移動によって瞬く間に広域に拡散伝播していく。風土病に留まらずに疫病としてパンデミック（大陸を越えた同時大流行）を起こしやすい。

では、なぜSARSは終息し、新型コロナウイルス感染症は今なお、その目途が全くたたないのか？　SARSは重症急性呼吸器症候群という名前からもあるように感染者の多くは重症な肺炎を呈し、重症であるために感染者はほとんど移動できない。そのため、人に感染させる機会が少ない。さらにSARSの患者は発症してから約５日を経て以降からでないと体外にウイルスを出さない。つまり、発症５日後までは感染源にならない。このため、肺炎などの呼吸器症状が出て感染が疑われた患者を早めに見つけて、適切に隔離を行うことで、ＳＡＲＳコロナウイルスの感染伝播を断ち切ることができた。よって、２００３年7月5日に終息宣言が発表された。感染者数は約８０００人（犠牲者数７７４人）で封じ込め終息を見ることができたのだ。

これに対し、今回の新型コロナウイルス（ＳＡＲＳ-ＣｏＶ２）は、感染者の約8割は軽症、もしくは無症状であり、これらの感染者が動くことで他者へ感染を広める。若年層を中心とした無症状感染者（サイレントキャリア）が多数存在し、その人々が活動することで感染の拡大に寄与したとも言われる。このように軽症から無症状者はウイルス検査をしなければ、誰が感染しているのか、誰がウイルスを広げる可能性があるのか、がわからない。さらに発症の約2日前からウイルスを外に出し、発症日前後にウイルスの排出のピークを迎えて感染源となることから、感染している自覚の無いままに広げていることもある。これらのことから、感染伝播を遮断する対策が打ちがたく、流行の拡大を止めることが非常に困難である。ＷＨＯが検査体制の充実を訴え、先進国の多くがＰＣＲ検査を推進して感染者数を抑える対策を打ったのはこのためである。

ＳＡＲＳウイルスに比して、新型コロナウイルス感染症は致死率は低い。しかし、感染者数が莫大となるためにその犠牲者数はＳＡＲＳの犠牲者数を遥かに凌駕した健康被害を起こしている（犠牲者数・約146万人　12月1日現在）。

新型コロナウイルスに感染すると、2日から14日（多くは5日）の潜伏期を経て倦怠感、咳や発熱など、風邪のような症状が出る。約1割程度で下痢なども起こす。味がしない・においを感じないという味覚障害、嗅覚障害が起こる場合もあり、インフルエンザや他の風邪との鑑別に上げられる。

新型コロナウイルスは咳やくしゃみなどの呼吸器分泌物の飛沫でウイルスが出てくる他、消化器でも増殖して便中にも排泄されて感染源となる（尿中にも出てくる）。上気道と下気道の両方でウイルスが増えることから、上気道の風邪で回復する人もいれば、ウイルスが下気道で増えて肺胞に感染すると肺炎となり、それが悪化すると息切れから呼吸困難となり、酸素が必要な状態となる。このように感染者の症状は無症状から軽症、中等症、重症から死亡に至るまで多岐にわたる。重症者の多くは高齢者や基礎疾患を持つ方々であり、欧米諸国の流行でも高齢者施設や病院などに新型コロナウイルスが侵入すると集団感染を起こし、深刻な健康被害を起こしてきた。このことから、特に院内感染、さらに高齢者介護施設での新型コロナウイルス感染防止対策が求められている。

では具体的な対策を明示したい。高齢者施設では入所者や介護者に感染が起こると集団感染となる可能性があり、その場合には重症化しやすい高齢者を中心に大きな健康被害が想定される。新型コロナウイルスはインフルエンザと同じように飛沫感染、接触感染、エアロゾル感染で感染し、初期症状では風邪と区別ができない。

職員、サービス利用者からのウイルスの持ち込みが心配され、なるべく早期に疑わしい人（発熱、咳、食欲がない、だるさを訴える、ハアハアと肩で息をする、喉がいたいなどの人）を見つけ医療機関に相談することがポイントとなる。その他、下痢や嘔吐などの症状が出る人もいる。特に便中にもウイルスが排泄されて感染源となる恐れがあるので、その処理には塩素系漂白剤での消毒などの徹底が必要である。

なんとなく変だな、いつもとちがうな（表情がちがう、声の感じがちがう、元気がなさそうなど）という介護者の勘が実は大事であり、風邪やインフルエンザより症状が長引く、また周囲に同様の症状の人が増えているかということもポイントとなる。毎日朝と夕方に全入所者、介護者、職員の体温を測って記録し、37・5度以上の人の人数の推移を見て、その増加を注視し、職員の間で情報を共有する（手書きでも良いのでグラフ化すると良い）。

もしも、症状がある人が出た場合にはその人にマスクをつけてもらい、別の部屋にうつして、症状のある人と無い人のエリアを分ける（診断がつくのを待たずに移動させる）。症状のある人を担当する介護担当者などの職員も決め、症状のある人、ない人の担当者を分ける。症状のある人の部屋の前に防護具（手袋、マスク、ゴーグル、エプロン）やアルコール消毒剤を準備し、専用のごみ箱も設置する。症状がある人が増えてきた場合には、すぐに保健所に連絡をする。

施設にウイルスの侵入をできる限り避けるため、職員は毎日の検温、咳嗽《がいそう》などの症状を記録し、異常のある場合は上司に報告を徹底する。手指消毒や咳エチケットの励行、人混みを避け、マスクを着用するなどの基本的な感染予防を行う。万一、職員の家族に新型コロナウイルス感染症が疑われる症状があらわれた場合にも管理者に速やかに報告することが必要である。入所者も不要不急の外出を避ける、直接での面会をお控えいただくなどの対応も必要となる。これは精神的にも過酷なことである。

新型コロナウイルス感染症の流行が早く収束に向かうのを願うばかりであるが、このウイルスとのたたかいは長期化も考えられる。職員が一致団結して協力して、緊張感をもった対応を長続きさせることが大切になると思われる。

◆寄稿者略歴

岡田晴恵（おかだ・はるえ）

白鷗大学教育学部教授。医学博士。専門は、感染免疫学、公衆衛生学。共立薬科大学（現慶應義塾大学薬学部）大学院修士課程修了、順天堂大学大学院医学研究科博士課程中退。アレクサンダー・フォン・フンボルト奨励研究員としてドイツ・マールブルク大学医学部ウイルス学研究所に留学、国立感染症研究所研究員、日本経団連 21 世紀政策研究所シニア・アソシエイトなどを経て、現職。主な著書に『新型コロナ自宅療養完全マニュアル』（実業之日本社）、『知っておきたい感染症』（筑摩書房）、『どうする！？新型コロナ』（岩波書店）、『怖くて眠れなくなる感染症』（PHP 研究所）など。

第1章

不測の事態にどう対応したか ——「善光会の新型コロナウイルスとの戦いの軌跡」

第1節 新型コロナウイルスの発生と政府の対応

本章では、都内の介護施設・社会福祉法人善光会の「コロナウイルスとの戦い」をケーススタディとして紹介する。その前に、新型コロナウイルスとは何か、また、これまでの感染拡大の経緯を簡単に振り返ってみよう。

新型コロナウイルスとは？

新型コロナウイルス感染症では、発熱やのどの痛み、1週間前後咳が続くといった症状が多いようだ。最悪死に至るケースも存在する。強い倦怠感や、味覚嗅覚に異常を訴える罹患者も多数見られる。高齢者や基礎疾患がある場合は重篤化しやすい。感染から発症までの潜伏期間は1〜12・5日（多くは5〜6日）と言われている。

感染経路としては、飛沫感染と接触感染の他、一部は空気感染の事例も疑われている。

感染者が、くしゃみ、咳の飛沫と一緒にウイルスを放出し、他人がそれを吸い込んで感染するケースと、感染者がくしゃみや咳を手で押さえたあと、その手で周りの物に触れて、他人がそれを触ることでウイルスが手に付着し、その手で口、鼻や目を触り粘膜から感染するケースがある。

ウイルスは直径100～200nm（ナノメートル）で、電子顕微鏡でなければ確認できない。布製のマスクを使用した場合、マスクの繊維の隙間を楽々通過できる大きさであるが、ウイルスは感染者の咳の飛沫によって運ばれることが多いため、マスクの着用は咳の飛沫の拡散防止に役立つ。同様にフェースガードも効果的だと言われる。また、このウイルスは、消毒に弱い特性があるため、頻繁な手洗い、うがい、アルコール消毒を行うことで、感染を防止できる。社会的距離をとることも、感染の拡大防止に有用なようだ。イギリスのインペリアル・カレッジは、高齢者と他者との接触を60～75％通常より大幅に減らすことで、最悪ケースと比較して全世界で3000万人以上の命が救われると見積っている。

一方、無症状感染というケースも確認されている。症状が発症する前にも感染の危険があるというのは厄介な特徴である。潜伏期間が長く、症状が軽度で済む感染者が80％

を超えている。感染の自覚がない無症状の患者が、集団感染を巻き起こしている可能性が高い。もうひとつの厄介な特徴は、このウイルスがどのような広がり方をするのか予想がつかない点である。いつまで続くのか、どこで感染が収束するのか、誰にどのような影響が出てくるのか、治療薬やワクチンはいつできるのか、など、未解明な情報があまりにも多い。

中国武漢からあっという間に新型コロナウイルスの感染が拡大

２０２０年1月5日、厚生労働省から「中華人民共和国湖北省武漢市における原因不明肺炎の発生について（第1報）」の注意喚起が出された。その時点では、大方の日本人が、対岸の火事のように、そして他人事のように、感じていたと思われる。２００２年11月に中国南部で重症急性呼吸器症候群（ＳＡＲＳ）が発生した際に、日本では感染が拡大しなかったことも影響していただろう。

1月16日、日本で新型コロナウイルスの感染が最初に確認された。1月23日に、人口１１００万人の中国武漢市が封鎖された頃から、日本でも新型コロナウイルスが話題になり始めた。そこからあっという間に新型コロナウイルスの感染は拡大し、4月半ばに

図 1-1　国内の新型コロナ陽性者数の推移（2020 年 1 月 16 日~2020 年 12 月 1 日）

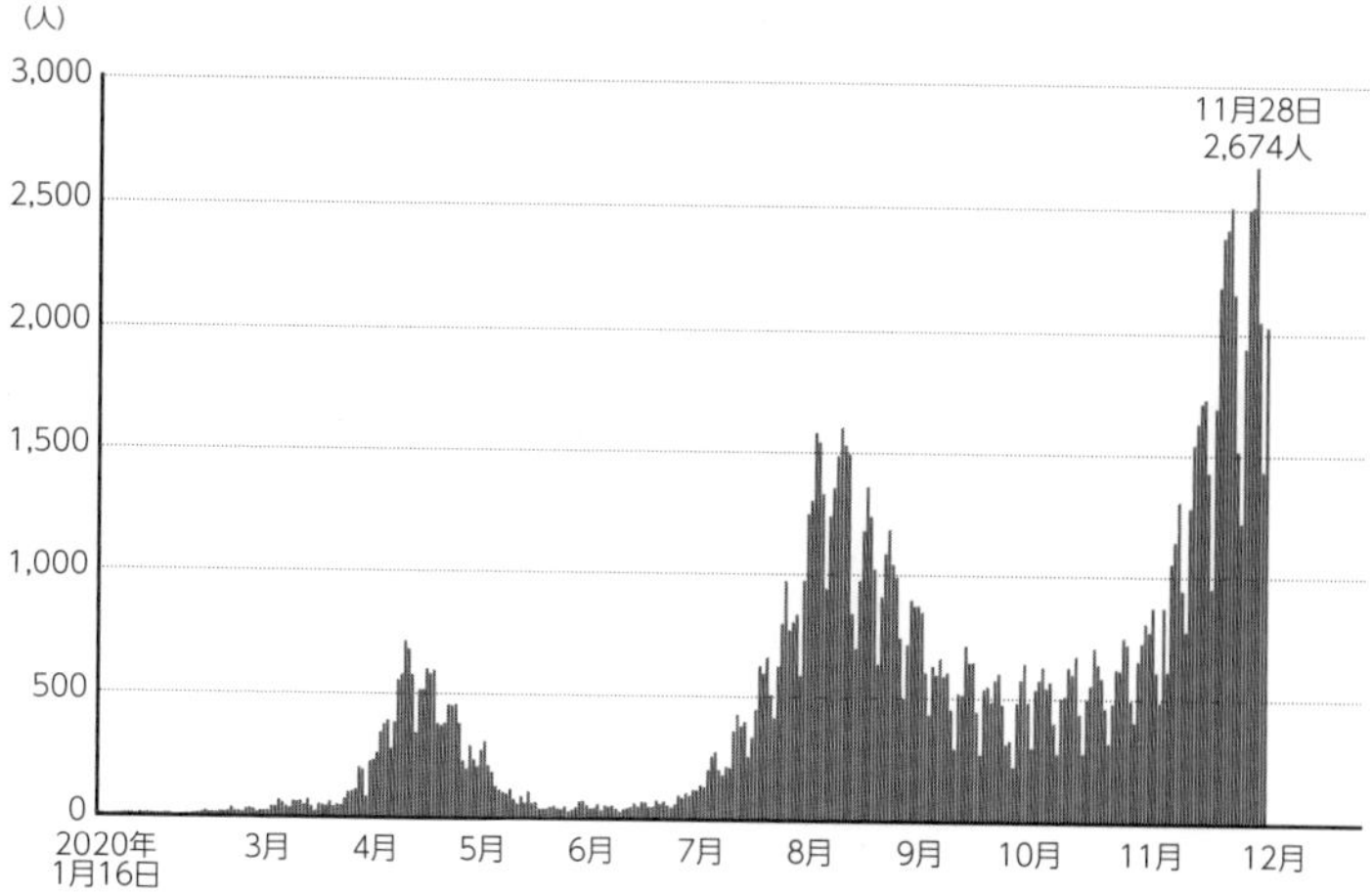

出所：厚生労働省

感染者は最初のピークを迎えた（図表1－1）。

5月半ばから6月半ばまでは患者数の減少傾向が継続し、感染を抑え込めたという楽観論も聞かれるようになったが、6月後半からは主に東京で急激に患者数が増加し、継続的に40～50名単位での感染者が発表されるようになった。7月に入るとさらに感染が拡大し、8月7日には、全国で1日1605人という最高人数を記録した。東京都では8月1日に感染者472人、8月だけで合計8126人に達し、第2のピークを迎えた。その後、8月後半にかけてやや減少傾向が見られた。しかし、9月から10月末まで小康状態が続いたあと、11月には第3波と思われるピークとなり、予断を許さない状況が続いている。

日本政府の対策

日本政府の対策を振り返ってみよう。日本政府は、1月30日、「新型コロナウイルス感染症対策本部」を設置した。これは、集団感染が判明し、横浜に入港予定であったクルーズ船「ダイアモンド・プリンセス号」の感染拡大防止対策を講ずるための措置であった。1月27日、政府は、新型コロナウイルス感染症を「指定感染症にする」と発表し、2月14日には「新型コロナウイルス感染症専門家会議」を設置した。2月27日、政府は全国の小中高と特別支援学校に休校要請を行う一方、4月に予定していた習近平中国国家主席の国賓招聘を当面延期すると発表した。3月11日には、世界保健機関（WHO）のテドロス事務局長が「新型コロナウイルスはパンデミック（世界的な大流行）となった」と宣言し、3月24日には、国際オリンピック委員会（IOC）と組織委員会が「2020年東京オリンピック・パラリンピック」の開催を1年延期すると共同声明で発表した。

3月13日に「新型インフルエンザ等対策特別措置法」が成立したことで、総理大臣の権限として各都道府県知事に対し「緊急事態宣言」を発出できる態勢となり、緊急的な措置を取る期間や区域を指定できることになった。これで対象地域の都道府県知事は、住民に対し、生活の維持に必要な場合を除いて、外出の自粛をはじめ、感染の防止に必要な協力を要請できるようになった。そして、4月7日、「東京都はじめ7都府県に対し、5月6日までの緊急事態宣言」が発出された。4月16日、政府は緊急事態宣言の対象地域を全国に拡大したが、感染の収束傾向がみられないことから、専門家会議の助言を受けて、5月4日に「緊急事態宣言の5月31日までの延期」を発表した。その後、新規感染者の減少が続いたことから、5月14日に「東京首都圏、大阪関西圏、北海道を除く39県の緊急事態宣言」の解除、5月21日に「京都、大阪、兵庫の関西圏の緊急事態宣言」の解除、5月25日に「東京、神奈川、埼玉、千葉および北海道の緊急事態宣言」の解除が相次いで決定された。

5月22日、東京都は「新型コロナウイルス感染症を乗り越えるためのロードマップ」を発表した。データを活用しながら外出自粛や休業要請の緩和措置を示している。

ロードマップには5つのポイントがある。

（1）緊急事態宣言下においては、外出自粛などの徹底を通じて、感染を最大限抑え込む。

（2）適切なモニタリングなどを通じて、慎重にステップを踏み、都民生活や経済社会活動との両立を図る。
（3）状況の変化を的確に把握し、必要な場合には「東京アラート」を発動する。
（4）今後、発生が予想される「第2波」に対応するため、万全の医療・検査体制を整備する。
（5）ウイルスとの長い戦いを見据え、暮らしや働く場での感染拡大を防止する習慣＝「新しい日常」が定着した社会を構築する。

外出自粛、休業要請などの緩和措置の内容として、以下の活動の目安が示された（図表1−2）。

ステップ0：イベントの自粛、遊興施設・劇場の利用自粛、飲食店夜8時まで短縮営業、学校休校
ステップ1：50人までのイベント可能、必要性高い施設を緩和、飲食店夜10時まで可能、学校再開
ステップ2：100人までのイベント可能、3密回避で緩和、飲食店夜10時まで可能
ステップ3：1000人までのイベント可能、施設再開、飲食店夜12時まで可能

図表1-2　外出自粛、休業要請などの緩和措置の内容

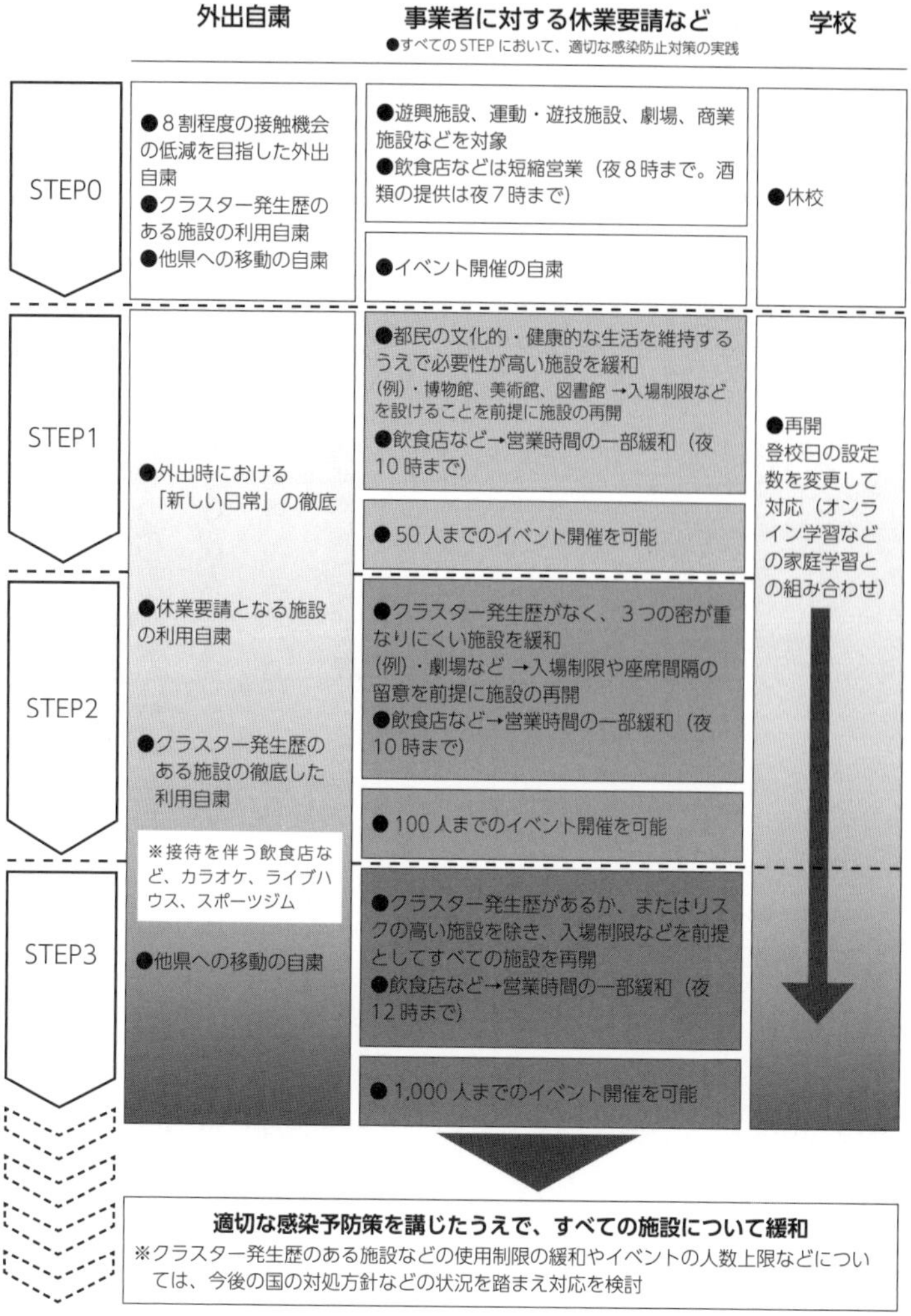

	外出自粛	事業者に対する休業要請など	学校
		●すべてのSTEPにおいて、適切な感染防止対策の実践	
STEP0	●8割程度の接触機会の低減を目指した外出自粛 ●クラスター発生歴のある施設の利用自粛 ●他県への移動の自粛	●遊興施設、運動・遊技施設、劇場、商業施設などを対象 ●飲食店などは短縮営業（夜8時まで。酒類の提供は夜7時まで） ●イベント開催の自粛	●休校
STEP1	●外出時における「新しい日常」の徹底	●都民の文化的・健康的な生活を維持するうえで必要性が高い施設を緩和 （例）・博物館、美術館、図書館 →入場制限などを設けることを前提に施設の再開 ●飲食店など→営業時間の一部緩和（夜10時まで） ●50人までのイベント開催を可能	●再開登校日の設定数を変更して対応（オンライン学習などの家庭学習との組み合わせ）
STEP2	●休業要請となる施設の利用自粛 ●クラスター発生歴のある施設の徹底した利用自粛 ※接待を伴う飲食店など、カラオケ、ライブハウス、スポーツジム	●クラスター発生歴がなく、3つの密が重なりにくい施設を緩和 （例）・劇場など →入場制限や座席間隔の留意を前提に施設の再開 ●飲食店など→営業時間の一部緩和（夜10時まで） ●100人までのイベント開催を可能	
STEP3	●他県への移動の自粛	●クラスター発生歴があるか、またはリスクの高い施設を除き、入場制限などを前提としてすべての施設を再開 ●飲食店など→営業時間の一部緩和（夜12時まで） ●1,000人までのイベント開催を可能	

適切な感染予防策を講じたうえで、すべての施設について緩和

※クラスター発生歴のある施設などの使用制限の緩和やイベントの人数上限などについては、今後の国の対処方針などの状況を踏まえ対応を検討

出所：東京都

6月1日からステップ2に移行し、経済活動の再開や公共施設などの公開を開始するとの内容である。6月12日にはステップ3に移行して、通常の経済活動再開の道が開かれ、6月19日には県をまたぐ長距離の移動制限が解除された。ただ感染が再拡大し、9月から10月にかけて新規陽性者数200人程度の高い数値で小康状態を繰り返し、11月には過去最多の1日534人の感染者が発生したことを受けて、東京都は11月28日から12月17日の間、営業時間の短縮要請を行っている。

第2節

新型コロナウイルス感染拡大にどう立ち向かったのか

善光会は新型コロナウイルス感染拡大という難局にどのように立ち向かっていったのだろうか。「対応要領」の策定、医療機関との調整、経営資源の活用など、具体的にどのような対策や対応を行ったのか、5月末時点にインタビューした内容および一部補足した事項を紹介し、感染予防履歴を見てみよう。

緊張状態が続く

Q. 新型コロナウイルスの感染拡大という難局に、どのように立ち向かったのか？

感染症の発生を覚知して以降、対応要領の策定、備蓄品の確保、食料の先行調達、職員への教育、ジョブローテーションを活用した緊急対処要領の作成、絶対的に不足してはならない基幹職員の確保、医療機関との業務遂行要領のすり合わせ、行政との諸調整など、緊張状態が続いています。

緊急事態宣言解除後の各種緩和措置を受けて、新型コロナウイルス感染拡大前の街の活気が戻り、経済活動の復帰のきっかけとなりました。しかし、活動自粛により一時的に感染が下火になっていただけで、人の移動が活発化するのにともない2次感染が拡大する可能性を忘れてはならないと感じています。6月、7月には感染経路不明の感染者の拡大傾向がみられました。施設内や職員がいつ感染してもおかしくない状況となりましたので、気を引き締めて業務に従事しています。

タクシー禁止 「日本最初のクラスターの恐怖は身近なものだった」

Q. 具体的にどういったことを手掛けたのか？

善光会では、1月7日から、リスクマネジメント対策室が主導して対策を講じ、1月12日には、法人内全般に「不明感染症拡大防止」の注意喚起を行いました（図表1－3）。高齢者の重症化が報告されたため、1月27日には、「面会等施設への来館を原則禁止」としました。

2月に入ると、テレビで報道されていた「屋形船クラスター」が、当会の身近な出来事ということが判明しました。2月16日、東京都は「都内大田区の総合病院の60代男性

図表 1-3　社会福祉法人善光会の新型コロナウイルス感染予防履歴①

年月日	新型コロナウイルスに関する動向	善光会における対応
2019/12/31	・武漢で原因不明の肺炎の発生が世界保健機関（WHO）に報告される	
2020/1/5	・厚労省から「中国武漢で原因不明の肺炎の発生」注意喚起	
1/7	・中国武漢で発生している原因不明の肺炎が新型コロナウイルスと判明	・リスクマネジメント対策室（※①）設置、正式なモニタリングを開始 （※①）天変地異、感染症などの施設運営にリスクを及ぼす事象への対策を講じるために従前より設置された部門
1/12～ 1/16	・コロナウイルスによる死者が中国において発生 ・国内初のコロナウイルス感染者が確認される（神奈川県）	・コロナウイルスへの注意喚起を法人内に発令。感染症予防対策を徹底し、ウイルスを持ち込まない意識を法人内に改めて周知 ・手洗、うがいの正しい実施方法について適宜情報発信 ・コロナウイルスの報道に関する継続的な情報提供と注意喚起を徹底
1/20	・人から人への感染が判明 ・アジア地域外においても感染が確認される	
1/23	・中国武漢市封鎖	
1/27	・中国外においても死者発生、増加傾向にある ・新型コロナウイルスを「指定感染症」に指定	・高齢者の重症化が報告されていることをふまえ、面会などの施設への来館を原則禁止
1/28	・日本人で初の感染者が確認される（奈良県）	・各施設における感染症予防対策の徹底を引き続き周知 ・施設全館に導入済みの空間衛生管理機器（※②）を衛生管理モード（最高濃度による除菌液での衛生管理を実施する）で運転開始 ・可能な部署において時差出勤の措置を取り入れる （※②）ウイルス除去・除菌・消臭などの働きを持つ二酸化塩素を機械的に発生させ、空調設備を利用してビル全体に行きわたらせることができる低濃度二酸化塩素ガス発生装置（クレベリン発生機リスパス NEO）

図表 1-3　社会福祉法人善光会の新型コロナウイルス感染予防履歴②

年月日	新型コロナウイルスに関する動向	善光会における対応
1/30	・新型コロナウイルス感染症対策本部設置	
1/31	・中国内での感染者が1万人を超え、世界各地での感染が確認 ・WHOより緊急事態宣言	
2/3	・大田区新型コロナウイルス感染症対策本部設置	
2/13	・国内で初の死者が確認される	
2/14	・日本で新型コロナウイルス感染症専門家会議開催 ・都内城南地区においてタクシー運転手の感染が確認される	・職員のタクシー使用を禁止 ・往来が必要な社内会議を原則テレビ会議で実施
2/17	・協力病院において、職員の感染が報告される	・協力病院からの嘱託医回診および職員の入館・処置を中止 ・受診先を変更 ・理美容の停止 ・訪問マッサージの停止
2/24	・協力病院において、濃厚接触者、入院患者への検査実施により陰性が確認される（95名中90名がPCR陰性、残る5名は結果待ち・症状なし）	・協力病院の回診などを順次再開することを決定
2/25	・上記PCR検査結果待ちであった5名のPCR陰性を確認	・感染症予防対策、時差出勤、よく人が触れる箇所へ30分に1回の定期的な消毒を実施、送迎車両は使用した都度消毒を実施し、乗車前に検温実施 ・加湿器の設置
2/27	政府が全国休校を要請	
2/28		・おむつ、ペーパー類の備蓄を開始 ・日用品の備蓄を開始
3/11	・WHOテドロス事務局長「新型コロナウイルスパンデミック宣言」	・基礎的な感染症予防策として通常業務のなかに取り入れている感染症対策について情報発信
3/13	新型インフルエンザ等対策特別措置法成立	
3/24	2020東京オリンピック、パラリンピック延期決定	・家庭備蓄推奨（2週間から1カ月程度の食料品・医薬品・日用品）を周知

図表 1-3　社会福祉法人善光会の新型コロナウイルス感染予防履歴③

年月日	新型コロナウイルスに関する動向	善光会における対応
3/30		・基礎的な感染症予防策として通常業務のなかに取り入れている感染症対策について情報発信
3/31	・東京都台東区の特養施設において、施設入居者２名の新型コロナウイルス感染が確認	・感染防止対策行動「換気の悪い密閉空間、人が密集する場所、密接した近距離での会話の「３つの密」を徹底的に避ける」を全職員に周知
4/7	・７都道府県に緊急事態宣言を発出	・新型コロナウイルス感染症を原因とする肺炎発症時の対応マニュアルを公開 ・在宅勤務が可能な職員について在宅勤務実施
4/8		・視察受け入れ停止を情報発信 ・業者出入りを必要最低限にする制限措置を情報発信 ・業者出入りが必要不可欠な場合は、入館時に検温や体調確認実施を情報発信
4/13		・感染防止対策のため介護職員にフェースシールドを導入
4/14		・Web 面会システムを導入
4/16	・緊急事態宣言の対象地域を全国に拡大	・食料品の備蓄を開始
4/17		・新型コロナウイルス感染拡大の影響で職を失った方々のための雇用機会の情報発信
4/18		・施設出入口およびユニット出入り口に消毒用足ふきマット設置、衣類消毒開始
4/20		・「新型コロナウイルス感染者数推計」に関する資料を公開
4/22		・新型コロナウイルスの物質別最大残存期間を周知

図表 1-3　社会福祉法人善光会の新型コロナウイルス感染予防履歴④

年月日	新型コロナウイルスに関する動向	善光会における対応
4/28		・「再感染や緊急事態宣言解除の影響を考慮に入れた感染者推計」資料を公開
4/30	・千葉県松戸市の高齢者介護施設では、感染が確認された入所者 29 人のうち、13 人が亡くなる ・千葉県市川市の施設では感染が確認された入所者 16 人のうち、80 代以上の男女 4 人が亡くなる	
5/4	・緊急事態宣言が 5 月末まで延長されることが決定される	
5/14	・厚労省「職場における新型コロナウイルス感染症への感染予防、健康管理の強化」通達	
5/25	・緊急事態宣言が解除される	・今までどおりの日々の感染防止対策行動を継続 ・「緊急事態宣言解除に伴う都市部第二波の推計」に関する資料を公開
6/1	・東京都ステップ 2 に移行	・理美容、訪問マッサージを再開
6/12	・東京都ステップ 3 に移行	
6/15		・職員の抗体検査開始
6/19	・県をまたぐ長距離の移動制限解除	

医師を含む5人の新型コロナウイルス感染者を確認した」と発表しましたが、感染者が勤務している総合病院は当会と提携している病院でした。当該病院の主治医からの情報を受けて、施設全般に恐怖と不安が広がりました。当法人のすぐ近くに日本で最初のクラスターが発生したわけであり、そのときの対応が最初の本格的なものになります。

2月17日、委託医師によ

る回診の中止や、同病院職員の入館・処置禁止を当該病院と調整し、職員、入所者、家族や関係者に連絡し、水際対策を実施しました。2月24日、状況が落ち着き、当該病院における感染拡大の防止措置が完了したとの報告を受け、各種医療業務を再開し、当会のホームページでも再開の旨を公表しました。一方で職員に対し、感染防止のため、密閉空間となるタクシーの使用をしばらくの間禁止するよう、通達しました。

また、感染症発生に備えた対応マニュアルに基づき、感染症の特徴、発症が疑われる場合、職員自身、家族、入所者が発症した場合の処置、消毒時の注意事項、廃棄物の処理などを周知徹底しています。施設内では多くの場所に案内板と消毒薬を設置しました。

経営資源、先進的な技術の有効活用

Q. その他の取り組みは？

善光会では、災害対策の編成において、本部要員、支援・介護担当、応急救護担当、避難誘導担当、地域担当などの担当区分を設けています。それぞれの任務が発生するので、災害発生後、直ちに規則に定められた業務に従事することになります。

経営会議、リスクマネジメント対策会議において対処方針を決定し、さらには部外の有識者会議などから情報を収集し、この緊急事態に対応する体制をとりました。先ほどの提携病院の事例についても、誰もが未経験で対処の手順も確立されていない状況下、経営会議やリスクマネジメント対策室において、外部への公表の判断、具体的な対策の構築などを行いました。迅速で正確な情報収集により、適切な水際阻止対策を講じてきたと考えています。

対策の一例として、「新型コロナウイルス感染対策マニュアル」の作成と職員や関係者への徹底を行いました。マニュアルは「新型コロナウイルス感染症の症状と感染経路」、「初期症状の確認」、「感染が疑われる場合の対応方法（職員、入所者、家族など）」、「施設で感染者発生時の対応」、「廃棄物の対応」などで構成されています。対応要領も詳細に示しました。法人内の徹底はもちろんですが、他の施設などで活用できる内容と考え、直ちに善光会のホームページにマニュアルの内容を公開し、情報の共有化も図りました（https://www.zenkoukai.jp/japanese/news/8965/）。

また、独自の感染者予想モデルも作成、公表しました（https://sfri.jp/info/news/389/）。未感染症の流行・収束過程を推測する理論のひとつに「ＳＩＲモデル」があります。未感染者は感染者との接触により、一定の比率で感染しますが、その比率は、ある人の１日当たりの他者との接触回数と接触した時の感染確率で決定されます。1日当たりの接触回数を30%削減すると感染のピーク水準は半減し、接触回数を半減させると感染者のピークは6分の1になります。そこで4月に基本再生産数1・4、2・0、2・5の場合について、ピーク時期を推計し、その後の各種対応措置に活用しました。

Q．先進的な技術は役に立ったのか？

善光会では、2009年に、日本で初めて全施設に低濃度二酸化塩素発生装置「リスパスNEO®」を導入しました。この装置は、ウイルス除去・除菌・消臭などの働きを持つ「二酸化塩素」を機械的に発生させ、空調設備を利用して施設全体に行きわたらせることができる空間除菌装置です。インフルエンザウイルスを初め、ノロウイルス、サルモネラ菌などの除去・除菌に有効といわれています。空間除菌装置はさまざまな方式が存在していますが、装備しているクレベリン発生機リスパスは1㎤あたり2500億個の二酸化塩素分子を供給できるアクティブ型の空間除菌装置で、二酸化塩素ガスを感染対策（パンデミック）モードで常時散布していました。二酸化塩素に関してはネブライザーを使用したエアロゾルモデルでの検証が行われており、空間に浮遊、また付着したウイルス、菌に対してのエビデンスデータが取得されているということです。

多くの方が共同生活をする介護施設にとっては非常に効率的な感染症対策のひとつですが、まだ介護施設では善光会のみしか導入していないということです。今後、多くの介護施設に導入が進むことを期待したいです。

また、ＳＣＯＰ（Smart Care Operating Platform）の活用も役立ったと感じております（https://scop.sfri.jp/）。ＳＣＯＰとは介護業界で初めて他社連携を可能とした「クラウド型介護ロボット連携プラットフォーム」であり、介護現場で利用されるＩｏＴセンサー機器などの情報を集約し、現場の状況やアラート情報などを一元的に管理できるアプリ「ＳＣＯＰ　Ｎｏｗ」や、現役介護士とともに「最も使いやすく。最も安く。」を目指して開発した介護記録アプリ「ＳＣＯＰ　Ｈｏｍｅ」などの複数のアプリから構成されています。

施設で運用される介護ロボットの情報をＳＣＯＰ　Ｎｏｗで一元化し、介護ロボットがそれぞれに持つセンシング機能により、入所者の状況を遠隔で把握、見守り巡回、排泄介助など、入所者との直接の接触回数を低減することができました。従来、職員間で直接行われるような情報連携、コミュニケーションなどを、ＳＣＯＰ　Ｈｏｍｅによる情報共有機能を通じてシステム上で行うことにより、職員同士の接触機会の低減を実現しました。コロナ禍における介護業務に従事する職員の労力やストレスの低減、接触機会削減に寄与したと思います。

第3節

見えない戦い

新型コロナウイルスとの戦いは見えない相手との戦いであり、初めて経験するパンデミック対応のため、多くの混乱があった。施設への立ち入り制限の決定やWEB面会の採用など、手探りで行われた善光会の対応状況を紹介しよう。

多くの混乱

Q．混乱をどのように乗り越えたのか？

新型コロナウイルスとの戦いは「見えない相手との戦い」であり、初めて経験するパンデミック対応ということで、困惑することが多々ありました。

善光会の多くの施設が所在する大田区では、2月3日に大田区長を本部長とする「大田区新型コロナウイルス感染症対策本部」が設置されました。厚生労働省は2月18日、「新型コロナウイルス感染症についての相談・受診の目安を踏まえた対応について」という事務連絡を発簡し、「帰国者・接触者相談センター」を設置しました。ところが、多くの人が心配になって問い合わせをしたことで、電話がつながらなくなってしまったようです。クルーズ船ダイアモンド・プリンセス号、屋形船のクラスター発生や、武漢から政府手配航空機での帰国者対応などの影響か、相談センターにまったく電話がつながりませんでした。

保健所にもなかなか電話がつながりませんでしたが、職員に対する指導は必要ですし、お客様から数多くのご質問もいただきました。わかりづらい「濃厚接触」についても、当初、おおむね両手を広げた距離を保つとか、正面に立って会話をしないなどといった目安を示しておりましたが、厚労省の「新型コロナウイルスに関するQ＆A（一般向け）（2020年5月18日版）」では「1m以内に15分以上とどまる場合」が濃厚接触の目安とされていたため、善光会でも「3密」防止に加え、「1m以上の距離、15分以内の業務遂行」を職員に心がけるよう周知しました。

人の行き来を止める

Q．施設への立ち入り、面会はどのように対応したのか？

1月27日、感染予防の目的で家族の面会や不要不急の業者、関係者の来訪を制限しました。この面会来訪禁止措置は継続しております（12月1日現在）。善光会ではデイサービスも実施していますが、4月以降は、緊急事態宣言もありデイサービス、ショートステイとも利用者が減少しています。

政府は5月25日に緊急事態宣言を解除、東京都のロードマップも6月12日からステップ3への移行、そして6月19日からは「都道府県をまたぐ移動制限解除」が決定されました。これは、あくまで社会活動再開による経済活動の救済措置という意味合いが大きいのでしょう。一方、介護福祉施設では、感染リスクが高い高齢者に対し、濃厚接触を含む介護業務を実施していますので、新型コロナウイルス感染症収束という観点を重視することが必要です。

善光会ではWEB面会を実施しています。WEB面会は好評で、ご家族のみなさまには入居されているご家族の様子がうかがえて安心していただいていると思います。利用件数は平均して1日に4〜5組くらいですが、双方でPCやタブレット端末で会話を楽しんでいただいています。必ず職員がお手伝いしますので、円滑なコミュニケーションがとれています。

しかし、「実際に触れ合うことができない分、寂しい」という声もいただきます。私たちもやむを得ず面会制限を行っておりますので、1日も早く解除できることを切に望んでいます。

第4節

職員の健康管理

新型コロナウイルス対応を行ううえでもっとも留意したのは、「施設内の感染をなんとか食い止める。そして、職員から感染者を出さないこと」であった。介護崩壊が発生し、職員の現場離脱、医療行為や介護支援の停滞が起こらないようにするためにどのような対策がとられたのか振り返ってみよう。

介護崩壊を避けるために

Q.「介護崩壊」は起こらなかったのか？

いわゆる「介護崩壊」とは、介護福祉施設で急速に感染が拡大し、職員の現場離脱によって、医療や介護の支援が被介護者に届かなくなり、急速な病状の重篤化や死亡に至ってしまう事態をもたらしてしまうことだと考えています。

都内の特養では、職員が感染し、その後、入所者に感染してしまう事態も発生しています。すぐに受け入れてくれる病院がなく、感染してしまった入所者のケアを施設内で行わなければならなかったそうです。実際に、介護福祉施設でクラスターが発生した場合、心理的、肉体的に非常に過酷な状況に置かれてしまうことになりますが、そうならないための準備や心構えが必要だと感じました。

Q．人員は不足しなかったのか？

職員のなかに感染者が発生すれば、業務の継続にあたって人員が不足してしまう事態が予想されます。ただ、それ以外にも、職員の家族に感染者が発生して濃厚接触者となる場合や、持病や恐怖心から出社できなくなる職員がでてくる可能性も考慮しなければなりません。

通常の特養では、（入所者2に対して職員1という）2対1配置が一般的ですが、善光会では2・82対1のモデルで職員を配置しております。少ない職員数で効率的に業務を実施していますので、ある程度の欠員であれば業務継続は可能という状況でした。

しかし、国内では、医療機関におけるクラスターの発生により、医療従事者の絶対的人数が減少し、重症感染者への病床や医療衛生用品が大幅に不足しました。4月28日、日本医師会の横槍会長（当時）は「感染者の増加により医療従事者の負担が大きくなるとともに、マスクや防護衣などの衛生資材の供給が遅れており、首都圏、関西圏および福岡などでは、医療崩壊寸前の状況であると判断される」という談話を発表しました。

災害対応のもっとも重要な要素のひとつが、人手の確保です。知識、技量、資格、経験の有無に関らず、災害が発生した場合にはいかに迅速に人手を確保できるかが、被害軽減、早期復旧の鍵となります。善光会では、介護崩壊に追い込まれないよう、あらかじめ柔軟な勤務が可能な職員に協力の確認をしました。また、必要な際には、周辺のホテルでの泊り込みも可能なように準備を進めました。日頃から介護事業従事者としての責任についての職員一人ひとりが自覚し、それを組織全体に浸透させることの重要性を改めて痛感させられました。

実際には、職員の欠員も少人数で済んだため円滑に業務を継続できましたが、さらなる欠員が発生した場合には、他所からの応援体制を構築し、対応するという対策も考えていました。また、同一区内の近傍に複数の施設を運営していますので、状況によっては、法人全体で職員のローテーションを考え、施設間同士の職員の応援も可能な準備態勢も検討しました。通常そのような措置は制限を受けますが、2月17日、厚生労働省から「社会福祉施設などにおける職員の確保について」という事務連絡が発簡され、今次新型コロナウイルス感染時の特例として、「社会福祉施設などの入所者・利用者へのサービス提供を維持するため、職員の確保が困難な施設がある場合には、法人間の連携や、都道府県における社会福祉施設などの関係団体への協力要請などを通じて、他施設からの職員の応援が確保されるよう、必要な対応をお願いする」という通知がありました。当会では、応援を要請したり、要請されたりするという事態には至りませんでしたが、対応する準備は進めておりました。

Q．行政機関からの受け入れ要請はあったのか？

大田区役所の担当の方々とは、日ごろからさまざまな情報交換などこまめに連絡をとっています。都内での感染が多数発生した直後、都から「ショートステイの緊急受入れの可能性」の照会があり、対応可能人数などを報告していますが、実際の受け入れ要請はありませんでした。

善光会は福祉避難所に指定されており、２０１９年10月の台風19号の来襲で46年ぶりに多摩川が決壊した際には、善光会の２施設にて避難者の受け入れを行いました。共有スペースを活用した受け入れ態勢やある程度の余裕のある備蓄をしておりますので、感染症でなく自然災害での避難が必要な状況が発生した際には、対応できる体制をとっております。また、介護施設運営上のひっ迫した状況から、同業者からの支援依頼にも備えました。

出社させてよいのか

Q．職員の健康管理には、どのように対処したのか？

まずは新型コロナウイルスに職員を感染させないこと、そして感染してしまった職員が施設に新型コロナウイルスを持ち込ませないようにすることに留意しました。マニュアル作成以前には、微熱のある職員に対し個別に指示を出しており、本人または家族が37度以上の熱がある場合には2週間の自宅待機とし、様子をみながらその後の行動を決定することを基準としました。マニュアル作成後は「新型コロナウイルス感染対応マニュアル」で対処しています。

家庭および施設での検温は、記録の管理も含め、厳格に実施しました。さらに、出社後の手洗い、うがいの他、通勤で使用したマスクの破棄、就業に際し新しいマスクの着用を義務付けました。介護施設にとってインフルエンザの感染拡大も注意を要する事柄ですので、善光会では11月～5月までを「インフルエンザ対策強化期間」に定め、例年さまざまな対応を行っていますが、一連の手順はインフルエンザ対策の一環でもありました。

職場における対策について、厚労省などの通達も参考にしました。厚労省労働基準局長は、2020年5月14日、「職場における新型コロナウイルス感染症への感染予防、健康管理の強化について」という通達を発簡しています。内容は、労務管理の基本的姿勢として、(1) 感染拡大を防止する新しい生活様式の定着、(2) テレワーク支援措置の活用、(3) 雇用調整助成金を活用した休業の実施、(4) 職場における感染防止の進め方、などであり、さらに新型コロナウイルス感染症の陽性者発生時対応や新型コロナウイルス感染症に対する正しい情報の収集などについて説明が詳述されていました。「人との接触を8割減らす10のポイント」や「感染症拡大防止のためのチェックリスト」なども一部活用しました。

第5節

途絶した衛生用品

全国的に衛生用品・医療用具などの流通が停滞し、入手が困難な状況が発生したが、善光会ではどのような基準に基づき備蓄計画を立て、調達を行ったのだろうか。あわせて新型コロナウイルス対応を実施するうえでの教訓を聞いてみた。

マスクがない

Q．衛生用品の備蓄についてはどうであったか？

新型コロナウイルスの感染拡大の状況を見越し、マスク、消毒液などの衛生用品の備蓄は1年分、フェースガード、防護衣などの感染者発生時の備品については3カ月分の確保を基準とし、調達にあたりました。

感染予防として、出勤時に着用したマスクは捨て、出勤後新しいマスクに着け替えるという手順をとっているため、当会では月に1万枚のマスクが必要になります。日頃より備蓄していたものに加え、比較的早くから調達に動いたため、基準を満たす在庫を確保し、使用にあわせ調達を継続しています。パンデミックになりますと、各国は国境を閉鎖し、国際社会における国家間の接触を減らすことが感染防止策となります。そのため、人も物も国境を越えた移動が滞ります。今や国境管理と検疫は、安全保障上の問題になっていると言えます。今回のマスク不足を教訓に、国家として感染症の急拡大に備えるために、マスク、防護衣、フェイスシールド、アルコール消毒薬、また治療薬やワクチンなども海外からの輸入に依存するのではなく、国内生産態勢が重要だと強く感じました。

なお、市場からマスクが消え、高額転売などの問題が生じる中、ご利用者様のご家族の方々や取引先の方々から多くのマスクを寄付いただきました。高齢者施設の感染拡大を阻止するという思いを多くの方が持っていただき、行動いただいたことには感謝の言葉しかありません。

どこまでストックすればよいのか

Q．衛生用品の備蓄はなぜ1年分なのか？

先ほども少し触れましたが、善光会では11月～5月までの半年間、「インフルエンザ対策強化期間」と定め、継続的に衛生用品の備蓄を行っています。今回の新型コロナウイルス感染症は、不明なことが多数あり、また、感染がいつまで継続するのかまったくわからない状況でしたので、通常のインフルエンザ対策強化の約2倍を想定し、約1年分の備蓄としました。

ストックする量は、新型コロナウイルス禍がどの程度で収束するかという見積りによって変わります。前述のとおり、一定の前提のもとで感染者の推計は行いましたが、それも完全なものとは言えません。3カ月で終息するのか、それとも1年先まで続くのかは、在庫の見積りに決定的に影響します。そのため、あらかじめ過去の事例などを参考に、必要な備蓄量を決めておく必要があります。災害時の対応のうち、平時から準備すべきものは「備蓄」であり、備蓄品に賞味期限、使用期限がある場合には、その管理も重要です。

安定した調達を維持するために

Q．調達面での方針はどのようなものであったか？

サプライヤーとは日頃から良い関係を築きたいと考えています。万が一当施設で新型コロナウイルス感染が発症した場合には迅速に対応してもらえるよう手配しておりました。

現状、食料の調達は、ひとつの業者に一括して依頼し、価格の低減を図っています。しかし事業継続の観点からは、食料、納入品、各種のサービスは、流通経路の異なる複数社と契約し、ひとつの業者に不具合が生じた場合には、他の業者に切り替えるといった対策も必要になると感じました。当該契約業者のＢＣＰ策定状況も、契約時に考慮する事項となるかもしれません。

善光会の場合、流通の停滞や価格高騰の可能性がありましたので、早めに契約も保管も完了しました。おおむね１カ月分の食品の調達を契約し、現物は当該業者の倉庫に保管していただく契約を締結しています。清掃業者、消毒専門業者、エレベータなどの保守会社に対しても業務の中断や停滞がないよう綿密な調整を行いました。

再認識させられたＢＣＰの重要性

Ｑ．最後に、新型コロナウイルスから得た教訓は何か？

介護施設での発症は、重篤化のリスクが高い高齢者のお客様にとって非常に危険であることを痛感しました。また安定的な労働力の確保、感染予防備品の調達など、自分たちが想定していた以上に、備えておくべきことが多かったです。介護施設でのサービス提供は、高齢者の命を守るために、継続しなければならない日本の社会保障の一部です。諸外国では、強烈なロックダウン対策を実施しても、施設でのクラスターが多発し、感染拡大のひとつの要因になったことは明らかです。国家的な感染対策としても、介護施設で感染を拡大させず、高齢者に持続可能な介護サービスを提供していくことは我々の使命です。

サービスを継続していくためには、日々変化する感染状況を鑑み、対応していくことが重要だと再認識しています。予測不可能なこのような事態でも、介護施設はサービスを停めることはできません。有事の際にすぐ対応できるよう、ＢＣＰの策定は重要です。前述したように、日本の社会保障を担う介護施設として、地域ごとの災害などのリスクに合わせ、ＢＣＰを作成することが急務の課題です。また、善光会では介護施設ＢＣＰコンサルティング事業の展開も検討しています。

第二部

BCP（事業継続計画）

【寄稿】

事前の準備と定期的な訓練

第4代統合幕僚長／ANAホールディングス顧問　岩﨑 茂

最近のわが国の天候は、明らかに以前とは異なってきている。私は長年、自衛隊で戦闘機のパイロットであったので、天候・気象には強い関心を持っている。一般的な自衛隊の飛行隊の朝は、気象ブリーフィングから始まる。当日の全般の気象予報から、当該基地の予報、近傍基地の予報を毎日聞くことになる。これを繰り返していると「門前の小僧習わぬ経を読む」ではないが、それなりに予報をする技量も身についてくる。私は事業用操縦士としての資格を持っているが、この試験は飛行に関するペーパー試験、実地の飛行試験とともに、気象予報の試験（口頭による天気図の説明や予報など）まで含まれている。また、パイロット仲間でも気象予報士の資格を取った人もいるくらいである。なぜパイロットがこれほど気象に関心が高いかと言えば、飛行機の運航は依然として天候に左右されるからだ。どんな飛行機でも燃料に限りがあり、天候によっては目的地（基地）に降りることができないこともある。戦闘機は保有する燃料が少ないことから、我々戦闘機パイロットは、とくに天候に対して敏感になる。訓練中も常に残燃料を気にしている。基地の天候が予想よりも悪化することがあれば、より早く訓練を中止して帰投する必要がある。天候に対する気遣いは、戦闘機パイロットでも民間機パイロットでも同じだ。そのために気象に関する勉強が必要であり、私は今でも天気に関して強い関心を持っているのだ。

最近の気象は、10年前と明らかに違う。たとえば、最近は「ゲリラ豪雨」、「線上降水帯」とかの言葉を頻繁に新聞やテレビで聞いたり目にしたりする。「ゲリラ豪雨」なる用語は、もともと正式な気象用語でないが、わずか12年前の2008年に新語・流行語大賞トップ10に選ばれるまでに身近なものになった。これ以前は、このような局地的集中豪雨こそあったものの、頻度がかなり少なく、今のように問題視されていなかった。

残念ながら2020年はコロナ禍に加え猛暑、各地での豪雨災害と災害が続き多くの尊い命が奪われている。このような被害を目にした時に、私はいつも「少しの準備があれば、命を救うことができたのでは?」と思う。私は、こんなときに、最近はあまり使われることがなくなったが、「天災は忘れたころにやって来る」という言葉を思い浮かべる。

わが国では、土砂災害、洪水、突風による被害が年々多くなってきているが、「事前の準備と定期的な訓練」で犠牲者を局限できる。私は、各地の災害を聞く度に「果たして十分な備えはしていたのかな?」と思うことがある。「事前の準備」とは、防災マップなどで自分の置かれた地域の危険度を知ること、災害に備えた防災袋や水の用意などであり、少しの配慮で被害を局限できる。また、「訓練」がとても重要だ。避難ルートの確認や避難要領などを自分だけでなく、地域全体で定期的に行うだけで多大な成果を出すことが可能だろう。

◆寄稿者略歴
岩﨑茂(いわさき・しげる)
1953年、岩手県生まれ。防衛大学校卒業後、航空自衛隊に入隊。2010年に第31代航空幕僚長就任。2012年に第4代統合幕僚長に就任。2014年に退官後、ANAホールディングスの顧問(現職)に。

第2章

BCPの必要性

第1節

BCPとは

本章では、第1章の最後で触れた「BCPの必要性」について見ていこう。BCP(事業継続計画、Business Continuity Plan)は、以下の3つを目的としたものである。1点目はインシデント(インシデントとは、結果的にロスを生じる、または生じる可能性のある出来事、予想し得なかった出来事をいう)発生時に「被害を軽減させる」こと、2点目に「許容限界以上のレベルで事業を継続させる」こと、3点目は「許容される時間内に操業度を復旧させる」ことである。

内閣府、国際規格によるBCPの規定

BCPについて、内閣府中央防災会議は「大地震等の自然災害、感染症の蔓延、テロ等の事件、大事故、サプライチェーンの途絶、突発的な経営環境の変化など不測の事態が発生しても、重要な事業を中断させない、または中断しても可能なかぎり短い期間で

図表 2-1　事業継続計画（BCP）の概念

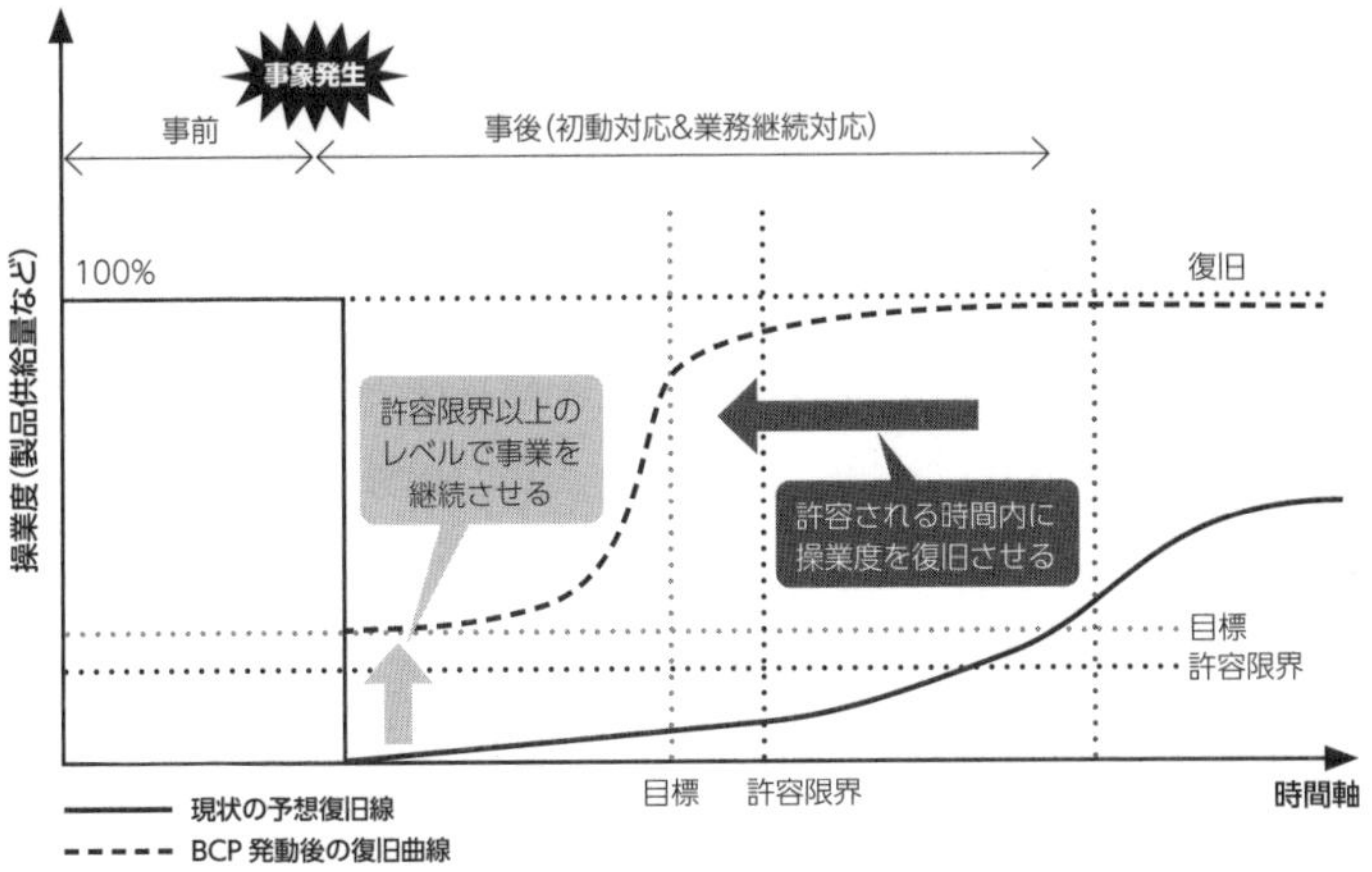

出所：内閣府

復旧させるための方針、体制、手順等を示した計画」と規定している（図表2－1）。そして、BCPを包含するBCM（事業継続マネジメント、Business Continuity Management）について、「BCP策定や維持・更新、事業継続を実現するための予算・資源の確保、事前対策の実施、取組を浸透させるための教育・訓練の実施、点検、継続的な改善などを行う平常時からのマネジメント活動」と規定している。

内閣府中央防災会議の規定を見たが、国際規格ではISO22301、ISO31000がBCM、BCPに関係している。

ISO22301は事業継続マネジメントシステム（BCMS）に関する規格であり、

地震・洪水・台風などの自然災害をはじめ、システムトラブル・感染症の流行・停電・火災といった事業継続に対する脅威に備えて、効率的かつ効果的な対策を行うための包括的な枠組みを示すものである。また、ＩＳＯ３１０００はリスクマネジメントに関する規格であり、やはりＢＣＰに関係している。こちらは、従来の防火対策、交通安全などの個々のリスクマネジメントに加えて、企業戦略や研究開発、大規模システム開発などのプロジェクトリスクマネジメントに活用できる国際標準規格である。

第2節

高まる複合災害リスク

気候変動による異常気象がもたらす自然災害の規模が大きくなっている。また、パンデミックと地震、パンデミックと台風など複合災害の発生が懸念され、実際に発生した事例に接することがある。海外の事例や異常気象発生のメカニズムなどについてみてみよう。

再認識させられる日本での自然災害の脅威

年々、気候変動による異常気象がもたらす自然災害の被害の規模が大きくなっている。2019年の自然災害による経済的損失は全世界で総額2320億ドルであった（エーオン調査）。トップは、日本の「10月台風」と中国のモンスーン洪水（6～8月）で、経済的損失はそれぞれ150億ドルであった。日本の「9月台風」（100億ドル）は第3位の自然災害である。

1900年から2019年についても、トップは日本の東日本大震災（2011年、

２６５０億ドル）であり、第2位が阪神・淡路大震災（１９９５年、１０３０億ドル）であった。トップ10にはランクインしていないが、２０１６年の熊本地震による経済的損失も４１０億ドルと小さくはない。日本の自然災害の大きさを再認識させる結果であろう。

「パンデミックと地震」、「パンデミックと台風」は同時に発生しないともかぎらない。防災白書によると、１９４８年～２０１８年の日本では（死者および行方不明者の合計が50人以上の）風水害は91件、主な地震災害は60件、それぞれ発生している。対象となった71年間のうち、どちらも発生しなかったのは15回にとどまり、その一方で、うち25回は風水害と地震災害の両方が発生している。単純計算では、ほぼ8割の確率で風水害か地震災害のいずれかが発生し、35％の確率で両方が発生したことになる。

パンデミックと地震：クロアチアの事例

同時発生時の対応について海外の事例を見てみよう。２０２０年3月22日早朝、新型コロナウイルスの感染が拡大していた欧州でクロアチアを襲った地震は、１８８０年の大地震以来１４０年ぶりという大規模なもので、１人の死者、26人の負傷者が発生した。

多くの建物も被害を受け、２万６０００を超える建物が損傷し、そのなかの１９００棟が使用できなくなった。政府の発表では、被害総額は４２０億クーナ（58億８０００万ドル）に上り、２０１９年のＧＤＰの10％に相当すると見積られた。この地震の影響で、感染拡大を防止するためにこもっていたザグレブ市民の多くが家の外に放り出された。

クロアチアの３月は１年で４番目に寒く、日中の最高気温は平均で12・３℃、夜間は３・５℃まで下がる。また、１日の日照時間は平均５・５時間と短く、１カ月の平均降雨（雪）日数は13日と、屋外で過ごすには厳しい季節である。しかし、余震が続いていたこともあって、アンドレイ・プレンコビッチ首相は屋外にとどまるように市民に呼び掛けた。新型コロナウイルス感染を防止するため、屋外でもマスクの着用と社会的距離の確保が必要とされたが、避難した市民のなかには電気も使用できず、暖を取る手段さえない人が多くいた。クロアチアはふたつの困難に同時に直面することになった。

ＷＨＯによれば、３月22日時点でのクロアチアにおける新型コロナウイルスへの感染者は２０８人で、死者はまだ出ていなかった。地震による影響が感染症対策を悪化させる懸念があったが、その後の新規感染者数は大きく増加することなく、４月中旬から減少傾向に転じ、５月30日時点で累計２２４５人にとどまっている。３月25日に新型コロナウイルスによる死者が初めて出たが、4月20日の8人が最高であり、8月21日までの累計では5584人と、きわめて低いレベルに抑制されている。

クロアチア政府の地震対策や感染症対策は多岐にわたっており、そのすべてがこの抑制状況をつくり出していることは間違いないが、そのなかでも大きく作用していると考えられる要因のひとつが、クロアチアの高度に維持された医療体制である。WHOのデータに基づけば、クロアチアの医師数は1万2490人、看護師数は2万3892人、病床数は2万3542床にのぼる。医療の受けやすさとその質を評価した指数は81・6（2015年）であり、日本の89・0には及ばないが高いレベルにある。またWHOによる医療システム評価に基づくランキングでは、立法体制、対応スピード、準備体制、リスク情報伝達力、人的リソースなど、多くの項目で満点の評価を得ている。社会環境や医療保険制度など異なる点も多いため単純な比較はできないが、現在の日本の感染症対策の状況を鑑みれば、地震発生後の感染症への対応体制は十分に確保できていたといえるであろう。平素から構築された強力な医療体制がなければ、環境を整えても、患者を救うことはできない。大規模災害時に医療体制をどのように維持するのか、自然災害との関係が深い日本として、学ぶべきことは多いであろう。

日本も複合災害の危険にさらされている

わが国周辺は、４つの大きなプレートが交錯する地震多発地帯である。気象庁によると、世界で発生しているマグニチュード６以上の地震のうち20％が、わが国周辺で発生している。

また、日本には２０００もの活断層が存在し、１９９５年の阪神・淡路大震災や２０１６年熊本地震のような大きな被害をもたらす災害を引き起こしている。気象庁によると新型コロナウイルスの感染が日本で拡大し始めた２月から９月30日現在、震度４以上の地震が33回発生している。最大震度は、３月13日午前２時18分、

図表 2-2　日本付近の地震活動

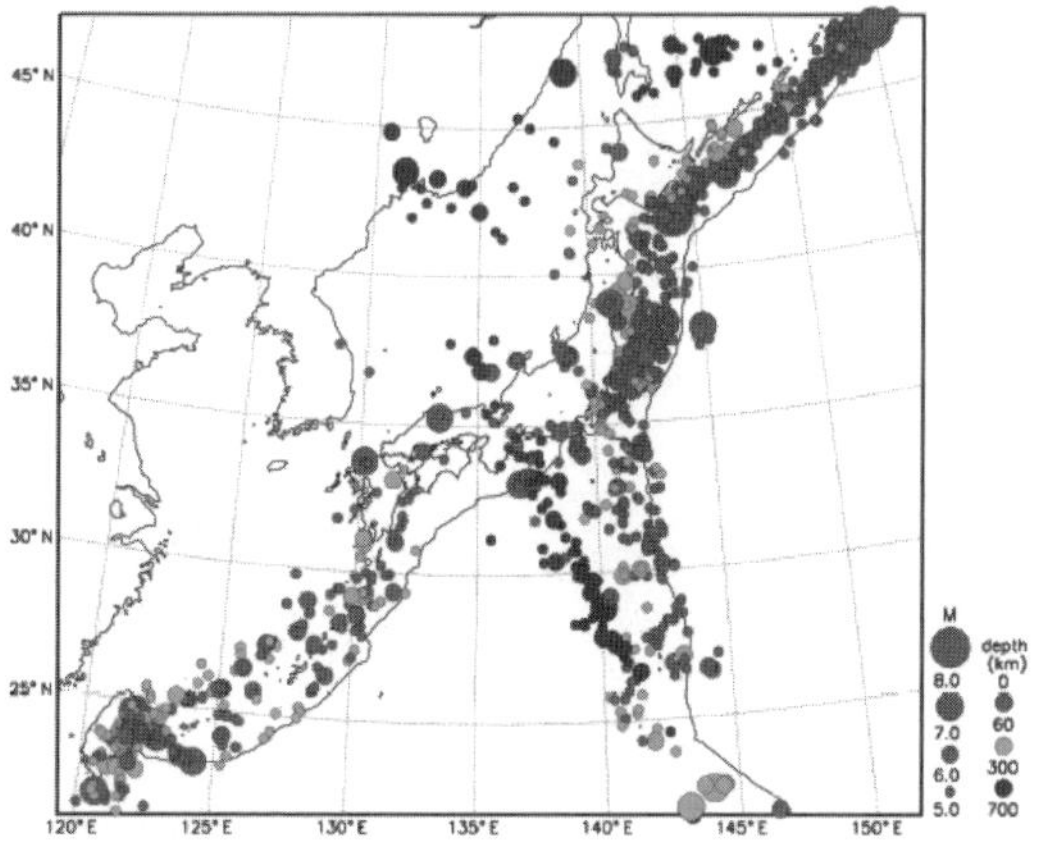

注）2000年から2009年に発生したマグニチュード5以上の地震で、気象庁において震源と決定したもの
出所：内閣府「平成22年版防災白書」

石川県能登地方M5・5、震度5強、震源の深さは約10kmであった。これらのデータからわかるように、新型コロナウイルス感染症のパンデミック期間中であっても、わが国は、高い確率で地震災害との複合災害が発生する危険にさらされており、これに対する備えも必要である（図表2－2、2－3）。

パンデミックと台風：インドの事例

5月20日、インド気象局が使用するサイクロンの強度区分でもっとも強い「スーパーサイクロン」となったサイクロン「アンファン」が、ベンガル湾から上陸しインド東部やバングラデシュ

図表 2-3　マグニチュード6.0以上の地震回数

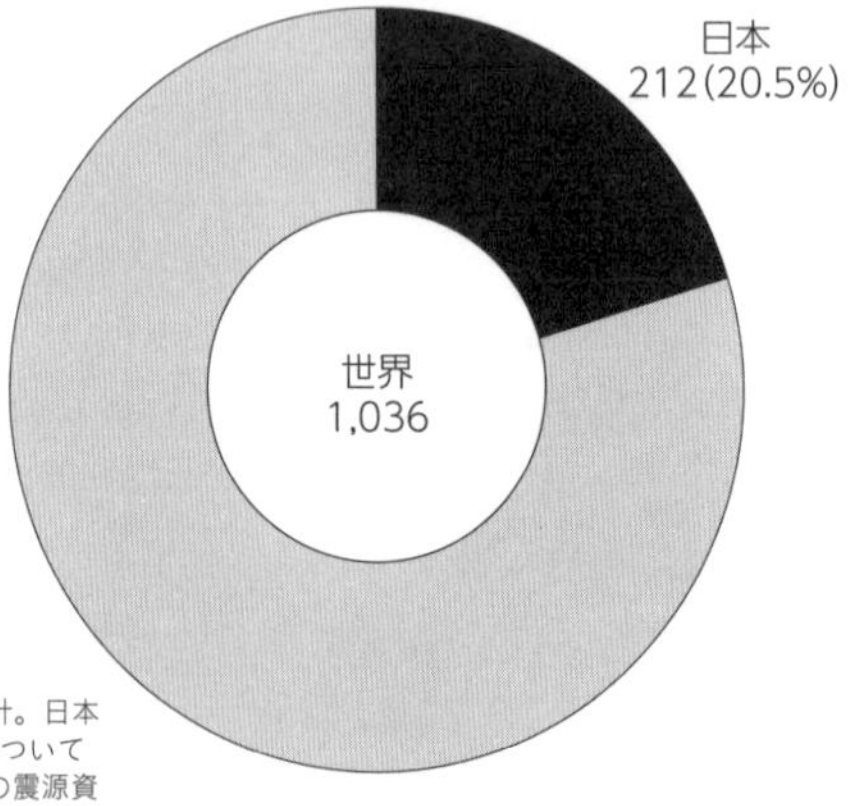

注）2000年から2009年の合計。日本については気象庁、世界については米国地質調査所（USGS）の震源資料をもとに内閣府において作成。

出所：内閣府「平成22年版防災白書」

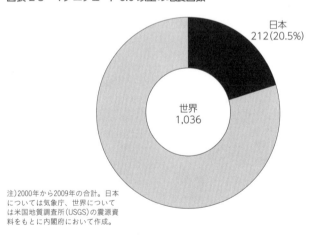

に大きな被害をもたらした。インドでのスーパーサイクロンの発生は、1999年に1万人もの犠牲者を出したオディシャサイクロン以来21年ぶりである。5月21日のBBCの報道によると、少なくともインドで72人、バングラデシュで12人の死者が確認されている。両国で300万人が避難し、5万5千戸以上が全壊したとの報道もある。

WHOによれば、インドでは1月末に最初の新型コロナウイルス感染者が確認されてから、1カ月ほどは累積感染者が5人にとどまっていた。しかし、3月に入ってから感染が急拡大している。感染拡大を防止するためロックダウンを実施中で、通常避難所となる学校などはすでに隔離施設として使用されていたこともあり、州政府が実施する被災者救助や避難所開設はきわめて困難な状況に直面しているようである。

また、インドでは自然災害が多発しており、ベルギーのルーヴァン・カトリック大学災害疫学研究センター（CRED）が作成している国際災害データベースの統計によると、1900年から2019年までにインドで発生した自然災害は729件で、アジアでは自然災害が多いとされる日本の約2倍に上る。発生件数では、洪水など災害が301件、サイクロンなど暴風災害が199件と突出して多く、合わせて総発生件数の68・6％を占め、このふたつの自然災害による死亡者数も24万人を超えている。しかし、インドでもっとも多くの死亡者を出す自然災害は、さまざまな原因で発生する伝染病であろう。発生件数は69件と洪水やサイクロンの7分の1に過ぎないが、死亡者数は454万人に上り全死亡者数の50％を占める。

インドでは感染拡大に歯止めがかからない。政府が6月に入り全土封鎖を大幅に緩和したこともあり、連日5～6万人が新たに感染する状況が続き、8月に累計362万人に達し、その後も感染は拡大し、アメリカに次いで世界第2位の943万人の感染者数となった（2020年11月30日現在）。サイクロンによる被害や新型コロナウイルスの感染拡大と複合すれば、その影響度は何倍にもなる可能性がある。複合災害の危険性に常に直面している日本として、他山の石として今後の災害対策の対応に参考にしたいものである。

50年に1度の異常気象が頻発するようになった

なぜ近年、50年に1度の異常気象が頻発するのであろうか。地球温暖化により、「大気の状態が不安定になりやすくなることなどから大雨が降りやすくなっており、また、温暖化によって空気中に蓄えられる水蒸気の量が増えて、降雨の回数は少なくなる一方、ひとたび雨になると降水量が増える」というメカニズムらしい。気象庁は、「１９８５年までの10年間と最近の10年間を比べると、1時間に50ミリ以上の雨は4割近く増加。同80ミリ以上の雨も6割増えた」と解説する。つまり、降水量の増加による河川の氾濫の可能性は格段に増加し、今まで被害がない場所でも被害が発生する可能性がある。

２０１５年度の水防法改正を受け、東京都は「浸水予想区域図」を改定し、「浸水予想区域」、「危険の程度としての想定浸水深」を公表する一方、水害に備え「浸水リスクを正しく理解する」、「避難場所・避難経路を確認しておく」、「建物に浸水被害の防止のための工夫を施す」などの注意を呼び掛けている。それでも２０１９年10月の台風19号の際には、多摩川が46年ぶりに氾濫し、周辺住民に大きな被害が発生した。

第3節

被害局限と早期復旧を目指すＢＣＰ

ＢＣＰ策定の目的は、「被害の軽減」、「重要事業の継続」および「早期の事業復旧」である。そのためにどのような準備が必要なのか、初期被害を軽減するための方策、２次被害・２次災害を防止するための方針は何なのかについて具体的な対策を解説する。

初期被害の局限と２次被害・２次災害の防止

前述のとおり、ＢＣＰを策定する目的は、「被害の軽減」、「事業の継続」および「早期の事業復旧」である。一般的なＢＣＰは、事業や経営に対し、大規模災害が発生した際に、いかに被害を少なくするか、また、その被害からいかに早期に元のレベルに復旧するかという観点に立っている。

災害や事故が発生した場合の初期被害を軽減・抑制するため、以下の対応がなされているかという確認は必須である。
・ロッカーや家具の転倒・落下防止対策。
・机やコピー機などの重量物の固定。
・地震発生時に頭部を保護するため避退する机、棚などの固定。
・浸水被害に備えた2階以上の上層階の活用。
・非常発電機の屋上設置。
・防潮堤への過信がないかどうか。
また、内閣府は2次災害防止活動の基本方針として、
(1) 迅速な注意喚起、点検、応急措置、避難誘導の実施。
(2) 津波、余震、降雨情報の的確な把握、伝達。
(3) 事前の対策準備。
を呼びかけている。

阪神・淡路大震災や東日本大震災のような建物が倒壊するような震度6~7の地震が発生し、屋外に避難した場合、2次被害・2次災害に巻き込まれないために以下の確認が必要である。

・その建物に戻れるか戻れないかを判断できる基準、要領、人員は準備できているか。
・建物の表面的な形状の観察に加え、余震への備えはできているか。
・建物が倒壊し、火災が発生した場合、衝動的に救助に向かう者を制御できるか。
・災害が発生後、急遽出勤する際、経路上の危険予知はできているか。経路の選定は適切か。
・「通電火災」防止の対策は講じているか。

通電火災にも備えが必要

大地震により送電線が断線して停電が発生するが、その後電気の供給が再開した際に、倒れた電気器具や破損した電気配線に通電した時に火災が発生することがある。また、ガスが漏れているところで通電すれば、発火、爆発などの危険がある。阪神・淡路大震災では、原因が特定された建物火災の約6割が通電火災によるものであったと言われている。かなり困難な状況であるが、大地震後の避難の際は、ブレーカーを落とす意識、または自動的に落ちるシステムの導入が必要である。

また、大規模地震の発生のあとには、小さな余震、少しの降水量であっても、緩んだ地盤や損傷した建物の崩落や倒壊などを引き起こす可能性がある。せっかく1次被害の難を逃れたのに、２次災害に巻き込まれては元も子もない。通常の防災に加え、２次災害への備えも万全の体制をとっておく必要がある。

以上のような事項には、場当たり的に対処すべきではない。本来は、ＢＣＰが用意されており、確認項目としてＢＣＰのなかに記述されているべきものである。防災活動の観点と重複するが、被害局限のためＢＣＰがカバーすべき必須の項目であろう。自組織・自法人のリスクを評価分析し、被害軽減、早期復旧に資するため、平時からの準備により、初期被害の軽減に留意しておかなければならない。

早期の事業復旧に向けた準備

早期復旧に必要な経営資源は「ヒト、モノ、カネ、技術、情報」である。職員の安否をいち早く確認し、出社の指示を出す、もしくは出社基準をあらかじめ定めておき、復旧のための資機材を準備する。必要な場合には、資金を使って復旧にまわす。自社の持てる技術や情報を駆使して復旧業務に充当するなどの手順が必要になろう。災害による被害や自社の置かれた環境にもよるが、すべてを同時に復旧させることは不可能である。リスク分析、リスク評価およびリスクの影響度分析により、復旧業務に優先順位をつける必要がある。緊急時に絶対中断できない業務、遅れて実施しても支障のない業務などをあらかじめＢＣＰに書き込んでおくか、職員の間で共通の認識を持っておくことが事業の早期復旧に重要である。

事業の早期復旧が成就すれば、取引先からの信頼が得られ、事業拡大の要素になり、顧客や関係者からの期待が大きくなり、事業や雇用の拡大にもつながる。さらに、成功体験により職員は自信をつけ自主性が向上する。災害というピンチが、事業・雇用拡大、職員のやりがいや質的向上につながるのである。

第4節

介護福祉施設に求められるBCPとは

「命を預かる仕事」としての介護福祉施設でのＢＣＰの必要性は誰もが認めるところである。災害時の介護福祉施設における重要業務は何なのか。運営者としての社会的責任を明らかにするとともに、介護福祉施設におけるＢＣＰ策定の必要性を痛感させられる事例を見てみよう。

命を預かる仕事

介護福祉施設ではＢＣＰの必要性はとくに高い。大規模災害などリスクが発生した際に被介護者の生命を助けるために、組織として迅速かつ的確に対応するため、ＢＣＰを備え、周知し、訓練し、改善して最良の対応策を講じておく必要がある。

特別養護老人ホームでは、すべての入所者が介護を必要としており、被介護者が自立して避難行動や避難生活を送ることはできない。災害発生直後の安全確保については、職員の支援なしでは、身の安全を確保することができないだろう。

介護福祉施設では被介護者の生命が脅かされる危険性があることを認識して、BCPが策定される必要がある。資源や人員が限られている状況下で、あらかじめ施設が置かれている状況や環境を考慮し、被害想定に基づいた体制づくり、周知徹底、教育訓練、修正改善などの準備がなされることが重要である。介護施設の業務でいうと、食事や排泄の支援や透析、胃瘻の支援は、生命を維持するために必要不可欠であるが、入浴やリハビリは、大災害直後は、優先度が低くなる。そのための労力や機材の手配は、少し遅れても支障ないものと判断するのが一般的である。

火災発生時の対応の例でも違いがある。一般的には「消防法施行令第4条第3項」に規定されているように年に2回以上の訓練が必要であるが、介護福祉施設は不特定多数が出入りする「特定防火対象物」（消防法施行令別表第1の6項ロ）に分類されるため、消防設備などの点検報告も義務付けられている。設備には、建物の耐火性、スプリンクラー設備、自動火災報知設備などの設置が義務付けられている。

災害時の介護福祉施設の重要業務

災害時の介護福祉施設の対応として、地震災害発生時の重要業務は次のようなものであろう。

（1）発災直後

・自己・入所者の安全確保、安否確認、火災・地震対応、避難誘導、閉じ込め者の救出、応急救護・館内放送、施設・設備・機材などの被害確認

・通信手段の確保、医療機関への連絡、搬送、意思決定者への報告、行政との連携

（2）発災当日

・災害対策本部の設置、職員の安否確認、職員の招集

・短期入所者・通所利用者の安否確認、介護業務の継続

・入所者家族への連絡、行政への報告

・（指定されている場合は）福祉避難所の開設準備、一時入所など利用者の増員対応

・情報収集、情報発信、行政との連携

（3）翌日から3日程度

・定時報告、応急復旧準備

・人員の確保、必要施設への応援

・2次被害防止、防疫、瓦礫の処理、動線確保

・行政・地域・同業者などとの連携、ボランティアとの協同

介護福祉施設運営者としての社会的責任

大規模災害などのインシデント発生時には、介護福祉施設運営者として社会的責任を果たすことも求められる。具体的には、職員、入所者、その家族、地域住民に対し、自らの責任、役割、影響力、社会貢献などの幅広い行動に関して、適切な意思決定を行う責任である。平時においても、介護福祉施設で受け入れている入所者は、自身での避難行動は不可能な状態にある。大規模災害などのインシデントが発生し、照明や暖房が閉ざされ、介護に従事する職員の人数も限られる状況のなか、どの業務を優先して、誰を避難させ、誰の面倒を見るのか、日頃から優先順位を決定した周到な準備が非常に重要である。

また、行政から「福祉避難所」に指定されている社会福祉法人では、周辺の高齢な要支援者・要介護者を受け入れることも求められる。どのような特性を持つ高齢者を何人受け入れ、どのような態勢で支援するのか、支援の内容や役割分担なども事前に準備しておく必要がある。また、パンデミックのなかにおいては、在宅介護の要介護者を、家族からの感染を防ぐために介護施設で受け入れることも想定される。そのような場合に

は、入所者への感染拡大が発生しない体制をいかに構築するかという非常に難易度の高い課題が介護福祉施設に要求される。

ＢＣＰの必要性を痛感させる事例

２０１２年版の「災害白書」には、東日本大震災の教訓がまとめられている。「災害を完璧に予想することはできなくても、災害への対応に「想定外」があってはならない。このため、災害対策の検討に当たっては、楽観的な想定ではなく、悲観的な想定を行う必要がある」と記されており、「想定外」や「楽観的想定」の排除がうたわれている。また「発災直後には、十分な情報を得て対策を行うことはできない。このため、不十分な情報の下でも、災害対策を行えるように、日頃からの備えや訓練が必要である」と災害への対策の事前準備と訓練の重要性が強調されている。

危機管理体制や事前訓練の重要性に関し、ＢＣＰ策定の必要性を痛感させられる参考事例を紹介したい。

岩手県の社会福祉法人の事例

ひとつ目は、岩手県の社会福祉法人の事例である。２０１１年3月11日、地震発生から45分後に３ｍの津波が到来し、１階部分がすべて泥と海水で埋め尽くされ、完全な孤立状態に置かれた。建物は海岸から２㎞の距離にあり、過去に津波被害は一度もないという情報を得て、場所を選定したそうである。こちらの社会福祉法人の対応は素晴らしく、地震発生と同時に停電し、照明、給湯、暖房が停止している状態であるが、直ちに入所者の２階への垂直避難誘導を開始した。わずか15分で特別養護老人ホーム49名の入所者の2階への避難が完了し、その後10分でケアハウス44名の2階への避難が完了した。その20分後に津波が到来し、泥と海水に埋もれ、敷地内は樹木や瓦礫で埋め尽くされ、駐車していた車両90台もあっという間に水没して流されていった。大きな余震が続く中、点滴が必要な入所者やパニックを起こしている入所者がいるなか、幹部職員を中心に入所者の部屋割りやトイレの使用方法など決め、救助を待つことになったそうである。

１０００年に一度と言われるＭ９・０の地震とそれに続く大津波に直面した際に、「なぜ、ひとりの犠牲者も出さなかったのか」という問いに、当該法人の理事長は「震災発生が昼間だったこと。職員研修の成果が表れたこと。職員一人ひとりの判断が迅速で、被害状況を素早く把握したこと、幹部職員の指示が明快だったこと」などを挙げた。この法人では、毎月1回、昼間または夜間にいろいろな想定のもとひたすら防災訓練を継続していたそうである。「訓練は嘘をつかない、ひたむきな努力は報われる」のであろう。

宮城県石巻市大川小学校での損害賠償訴訟の事例

ふたつ目は宮城県石巻市大川小学校での損害賠償訴訟の事例であり、組織運営上の教訓事項が示されている。

東日本大震災の津波で犠牲になった大川小学校の児童23人の遺族は、市と県を相手に約23億円の損害賠償を求めた訴訟を起こした。最高裁は2019年10月11日までに、市と県の上告を退ける決定を行い、震災前の学校の防災体制に不備があったとして市と県に14億3600万円の支払いを命じた2審・仙台高裁の判決が確定した。判決では、学校側に対し、「児童の安全確保のため、地域住民よりも高いレベルの防災知識や経験が求められ、ハザードマップ上は浸水想定区域外ではあったが、詳細を検討すれば津波被害を予見できた」と断じている。そして学校には「危機管理マニュアルを改定する義務があったのにそれを怠った」と指摘し、市の教育委員会も「マニュアルの改訂を是正するなどの指導を怠った」として、その責任を追及している。

地震・津波の発生は、現代の科学をもってしても予見は難しいが、発生に備えたマニュアルを準備しなかったり訓練を行わずに、大勢の犠牲者を出してしまうと敗訴してしまう可能性がある。裁判で敗訴するとか多額の賠償金を支払うという問題以前に、介護福祉施設は高齢の障害者の命を預かる崇高な業務に従事しているという自覚を持って、常にリスクに備えておかなければならないという教訓であろう。

第5節
BCP策定の実態

厚労省の統計によると6割弱の介護福祉施設がBCP策定の必要性を認識しているが、実際の策定率は低迷している。策定要領が複雑だと思われていること、適切な担当者が不在であることなどの理由が挙げられている。

6割弱の介護福祉施設がBCP策定は必要と認識している

厚労省は、2019年度生活困窮者就労準備支援事業の一環として、社会福祉施設などにおけるBCPの有用性に関する調査研究事業を行った。これは、社会福祉施設などにおけるBCPについての取組や有用性を把握し、事例を紹介し、その必要性を広く周知するとともに、BCPの普及促進を図るものである。実際に被災した施設に対して「BCPが被災時に役に立ったかどうか」との質問に対して、「非常に役立った」という回答が8・0％、「概ね役に立った」が50・0％であり、全体の6割弱が役に立ったと回答した。一方で「ほとんど役に立たなかった」という回答が31・3％、「全く役に立たなかった」が10・7％であり、全体の4割程度が役に立たなかったと回答している。この結果を見るかぎり、相応の介護福祉施設が、BCP策定は必要と認識していると言えるだろう。

「BCPが役に立たない」のは、(1) BCPに不具合があり「役に立たない」場合と、(2) BCPの内容に問題はないが、BCPが末端まで定着しておらず、教育・訓練なども不十分であった場合が考えられる。単にBCPを策定するだけでなく、厳密な手順を踏んで「リスク分析」、「影響度分析」、「想定シナリオの作成」を行い、その組織にとって適切なBCPを作成することが必要である。また、教育・訓練などが適切な時期に適切な要員に対して実施され、さらに訓練の結果などを反映した改善が行われなければ、せっかくのBCPも役に立たない。

また、役に立ったと回答した施設に対して具体的な対策を尋ねたところ、「停電の際の対策」(71・4％)、「職員との連絡」(65・1％)、「地震発生時の参集ルール」(63・5％)、「備蓄」(58・7％)などの回答が多かった。これは、地震で停電したり、通信機能が喪失したりする場合の対策の重要性を表すとともに、ライフラインが崩壊した場合の備蓄による耐久性維持の重要性を痛感させる回答である。

ＢＣＰ策定率は低迷

１９９５年１月の阪神・淡路大震災、２０１１年３月の東日本大震災、２０１６年４月の熊本地震など震度７を超える大震災の直後や、毎年、梅雨や台風時期に発生する風水害に見舞われた直後などＢＣＰ策定の機運が高まるにもかかわらず、残念ながら、国内におけるＢＣＰの浸透は道半ばのようである。

内閣府が行った２０１７年度のＢＣＰ策定状況の調査によれば、大企業においては、「策定済み」と「策定中」を合わせ

図表 2-4　事業継続計画の策定状況（全体、規模別）

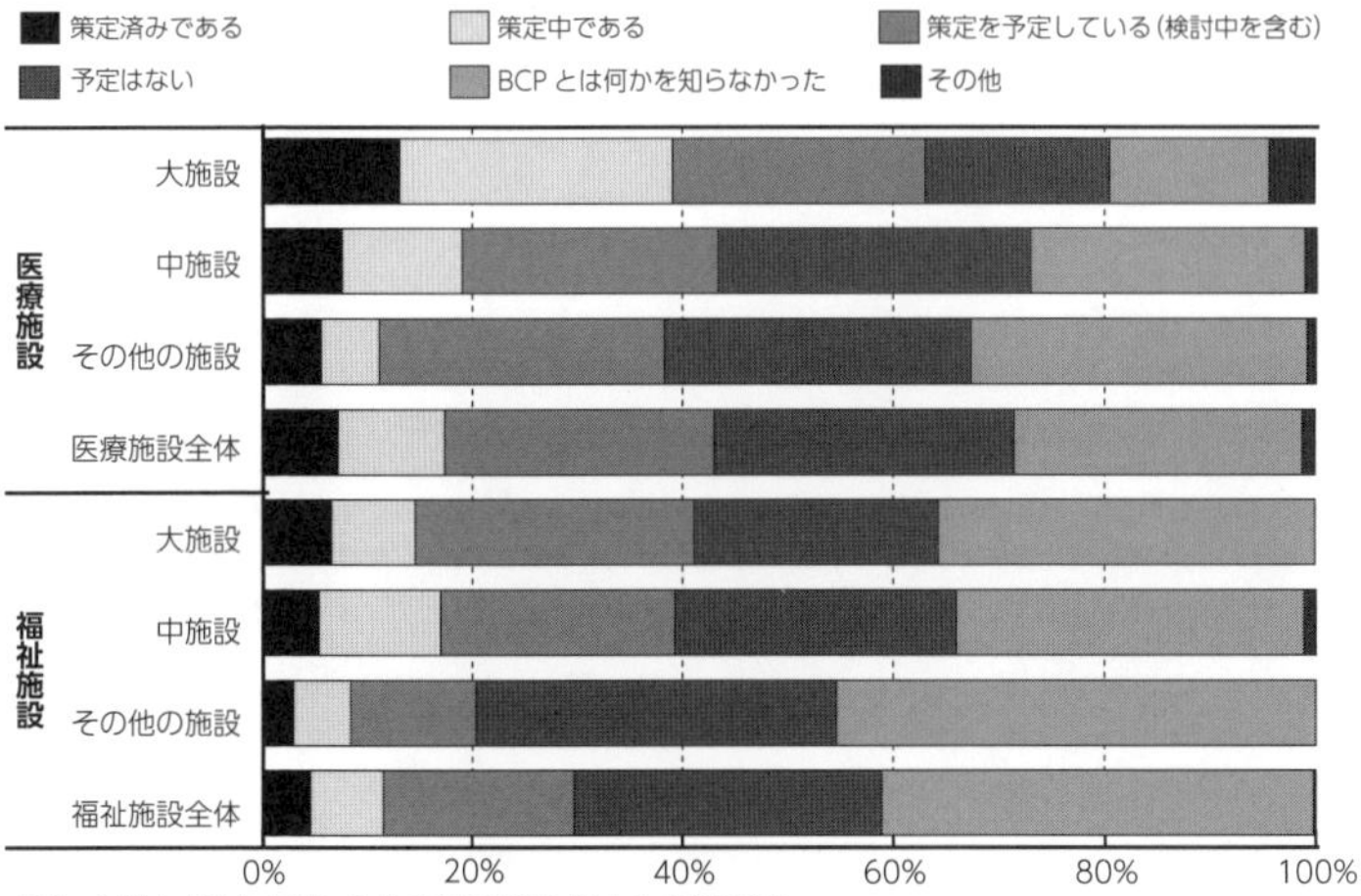

出所：内閣府「特定分野における事業継続に関する実態調査」

ると81・4%がすでに何らかの形でBCPを保有しており、これは、10年前の35%の2倍以上である。一方、中小企業においては「策定済み」「策定中」を合わせると46・5%と、10年前の15・8%の約2倍ではあるが、半数に満たない数字である。

また、「特定分野における事業継続に関する実態調査」（2013年8月内閣府防災担当）によると、福祉施設におけるBCP策定率はわずかに4・5%であった（図表2－4）。

本来であれば、前述のようなISO22301、ISO31000といった国際規格の取得も意識、検討しなければならないところであろう。

第3章

BCM、BCPの全体像

第1節

BCMにおけるBCPの位置づけとBCMの各プロセス

内閣府が提示している「事業継続ガイドライン」では、BCPがBCM全体においてどのような位置づけにあるのかを解説する。また、BCMの6つのプロセスの各区分について、その内容を説明する。

BCPの全体像

この章ではBCP（事業継続計画：Business Continuity Plan）の全体像を見てみよう。BCPを具体的に策定するためには、BCPがBCM（事業継続マネジメント：Business Continuity Management）全体のなかでどのような位置づけにあるのかを理解する必要がある。内閣府が提示しているガイドラインでは、BCM全体を「①基本方針の策定」、「②分析・検討」、「③事業継続戦略・対策の検討と決定」、「④計画の策定」、「⑤事前対策および教育・訓練の実施」、「⑥見直し・改善」の6つのプロセスに区分して説明しており、BCM全体は経営レベルの戦略的活動として位置づけられている（図表3－1）。

BCPはこのうち「④計画の策定」という段階に含まれる。BCPの策定前にはBCMの基本方針に基づいて事業継続戦略や対策が決定されている必要があり、BCPの策定後はインシデントが発生してBCPを発動する前に実施しておくべき対策を処置し、BCP

図表3-1　事業継続マネジメント（BCM）の各プロセス

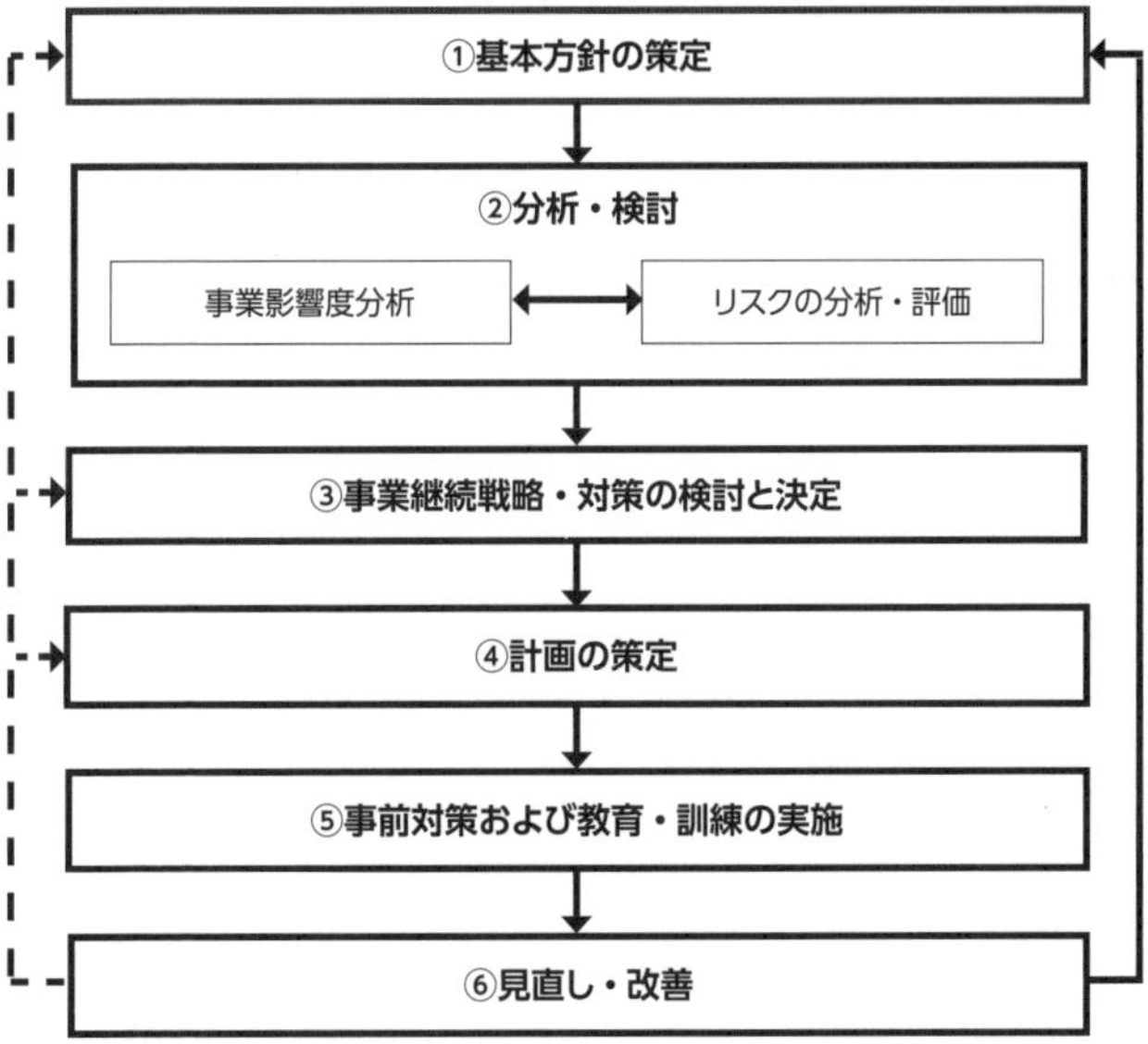

が発動されたら計画に従って行動できるように社員を教育したうえで実際に行動させることが必要になる。つまり、ＢＣＰには「③事業継続戦略・対策の検討と決定」の段階で具体化された内容が網羅されるとともに、インシデント発生までの間に処置しておくべき事項と発生後の行動の準拠が、できるかぎり具体的に記述されている必要がある。

内閣府のガイドラインの基本的なコンセプトは、ＢＣＰの策定要領を説明することではなく、ＢＣＰも含めた事業を継続するための取り組みの必要性や有効性を理解し、実施方法や留意事項を具体化することによって各事業者の事業継続能力を向上させることを目的とした包括的なものとなっている。

しかし、本書は介護事業におけるＢＣＰの策定を焦点としているため、ＢＣＰを中心として、ＢＣＭ全体を理解しておくことが望ましい。そこで、「④計画の策定」段階に対して、各段階がどのような役割を果たすのかという視点でＢＣＭの全体感を確認してみよう。

基本方針の策定

最初の段階の「①基本方針の策定」は、事業継続に対する事業者の考え方を示したものである。これは、どのように決められるのだろうか。

まず、自社が担っている介護事業がどのような役割を果たしているのかを明らかにすることが必要だろう。それは、具体的に行っている介護業務の内容とも関連するだろう。長期間にわたって被介護者を預かり、日常のすべての生活をサポートする形態もあれば、短期間だけの滞在でその間に生活の一部をサポートする場合もあるだろう。専属の医療チームを有して疾病を伴う被介護者を対象とする施設もあれば、集合住宅のように普段は個人の生活を自由に過ごしながら、観察だけは継続して、何かあれば専門家を含めたサポートを提供する施設もあると思う。そのいずれもが、社会全体における介護事業の分野で何らかの役割を担っている。その役割とは何なのか、その役割が果たせなくなった場合にはどのような影響を誰に与えてしまうのか、その役割は他の誰かに代わってもらえるものなのか、といったことを考えればよい。そのことによって、自らが行っている介護事業を継続させる必要があるのか、もしそうであればどのような形で継続させなければならないのかがクリアになる。それこそが事業継続に対する基本的な考え方になる。そして、この基本的な考え方こそがＢＣＰ策定の基礎になる。

ＢＣＭ体制の整備

また、基本方針の決定に合わせて、ＢＣＭを実際に担当する体制を整備しておくことも必要だ。ＢＣＭは介護事業の経営に直接関連する戦略的な活動なので、これを実施する体制は全社的なものになる必要がある。また、ＢＣＭプロセスのなかにＢＣＰ策定が含まれているのだから、ＢＣＰを策定するための体制がＢＣＭを実施する体制のなかに組み込まれていることが望ましいことは明らかだ。ＢＣＭ体制とＢＣＰ体制との関係には多くのバリエーションが考えられるが、ＢＣＭがＢＣＰを中核とした一連のプロセスであることを考慮すれば、これらを努めて同じ体制にすることが効率的かつ効果的であると考えられる。ＢＣＰの策定体制については後述するが、ここではＢＣＭの実施体制は全社横断的な性格を持ち、ＢＣＰの策定体制と近いものであるべきだというように理解していただきたい。

分析・検討

次に、「②分析・検討」の段階だが、これはＢＣＰ策定のための基本的な状況認識を明らかにするために行われ、「事業影響度分析」と「リスクの分析・評価」というふたつの作業で構成されている。「事業影響度分析」は、介護事業が中断するようなインシデントが発生した場合、それが自社を含めた関係機関に対してどのような影響をどの程度及ぼすのか、ということを焦点として分析するものだ。これによって、「③事業継続戦略・対策の検討と決定」の段階で対策を検討するべき対象を具体化できる。決定された戦略や対策はＢＣＰのなかで具体化されるのだから、「事業影響度分析」がＢＣＰの策定にとってどれほど重要であるかおわかりいただけると思う。

もうひとつの作業である「リスクの分析・評価」は、「事業影響度分析」とは異なり、どのようなインシデントが自社の事業を中断させるもっとも高い可能性を持っているのか、ということを焦点に実施される。これは、事業中断の可能性があるインシデントを選定し、その発生の可能性と影響度を評価することで明らかになる。そして、それによってどのインシデントにどの程度優先的に備えなければならないのかが判断できることになる。この際、インシデントの影響度は「事業影響度分析」で詳細に検討されているはずだから、この作業と並行して実施されることになり、ＢＣＰ策定の前提となる状況が具体的に把握できることになる。

事業継続戦略・対策の検討と決定

ＢＣＰ策定のための状況が把握できたならば、「③事業継続戦略・対策の検討と決定」の段階に進む。ここでは、前の段階で具体的に把握された事業中断の状況にどのように対応していくかが検討され、そこで決定された戦略や対策がＢＣＰのなかで具体的に処置するべき内容に反映されることになる。戦略という表現に少し難しさを感じるかもしれないが、もともとは「比較的長い期間を対象として、使用できる力や資源を総合的に調整しもっとも効率的・効果的に使用するための方法」という意味でもあるから、事業を継続するための総合的な方法という理解で十分だ。具体的な要領は第5章で詳しく説明する。

計画の策定

インシデントによって発生する事業中断の状況に対して、どのように対応していくのかが検討されたならば、いよいよそれをＢＣＰに落とし込んでいく作業に移行する。それが、「④計画の策定」段階になる。ガイドラインでは、ＢＣＰの策定に合わせて、「事前対策」、

「教育・訓練」、「見直し・改善」の各実施計画も策定するようになっているが、それらがどのような目的で策定され、どのように使用されるのかという具体的な内容は第5章と第6章で記述する。

事前対策および教育・訓練の実施

ＢＣＰは策定することが目的ではなく、インシデントが発生したときにそれに基づいて行動し、事業中断に有効に対処することがもっとも重要である。このため、平素から必要な対策を講じるとともに、ＢＣＰを策定した後にそれを社員に理解してもらうための教育と、実際に計画に基づいた行動を体験させることで社員の理解を深め、計画の実効性を確認するための訓練が必要になる。それが、「⑤事前対策および教育・訓練の実施」の段階に相当する。ＢＣＰが策定されてからの作業になるが、この段階を経てＢＣＰの改善へとつながることから、ＢＣＰの策定段階においてもこれらの内容と十分な連携が図れるような着意が必要となる。

見直し・改善

最後のプロセスは、「⑥見直し・改善」である。策定されたＢＣＰを前提として、必要な事前対策を講じたうえで実施される教育・訓練は、ＢＣＰがインシデントに対してどのように有効であるかを明らかにしてくれる。予想どおりに状況を改善してくれる部分もあれば、必ずしも期待された結果が得られないようなこともあるだろう。そのため、この段階で確認されたＢＣＰの不足部分は補われ、誤った部分は改善されなければならない。これらの処置は、問題が見つかった部分によってフィードバックするべき段階もさまざまである。そもそも、インシデントが及ぼす影響分析が不十分であれば分析の段階に、行った対策が有効でなければ戦略・対策の検討段階に立ち戻る必要がある。しかも、そのようにして再度取られた処置は、ＢＣＰに具体的に反映されたうえで、問題が本当に捕捉され改善されたのかを再度確認しなければならない。つまり、これらＢＣＭの実施プロセスは、ＢＣＰの策定を中心として、継続的に繰り返されるループ状になっているのだ。この段階については、「⑤事前対策および教育・訓練の実施」と合わせて第6章で説明する。

第2節

防災活動とBCP

災害対策基本法における「防災活動の定義」や内閣府の事業継続ガイドラインにおける「BCPの規定」に基づいて防災活動とBCPの関連性や相違点を明らかにする。

「防災活動」と「BCM、BCP」

「BCM、BCP」から「防災活動」を思い起こす向きもあろう。災害対策基本法は、防災を「災害を未然に防止し、災害が発生した場合における被害の拡大を防ぎ、さらに災害の復旧を図ること」と規定している。一方、内閣府事業継続計画ガイドラインは、BCPを「大地震等の自然災害、感染症の蔓延、テロ等の事件、大事故、サプライチェーンの途絶、突発的な経営環境の変化など不測の事態が発生しても、重要な事業を中断させない、または中断しても可能なかぎり短期間で復旧させるための方針、体制、手順等を示した計画である」と定義している。

「防災活動」と「BCP」の相違点

「防災活動」と「BCP」の相違点を、その目的や適用事象などの観点から比較してみよう。「防災活動」の目的は、災害に備えて「被害を出さない」もしくは「被害を最小限に抑える」ための対処活動によって、社員や関係者の人命や財産を自然災害などから守ることである。一方、「BCP」の目的は、非常事態に際し、被害を最小限に抑え、重要事業を継続、さらに早期に復旧し、事業を守ることである。事業を守るためには人も財産も守る必要が出てくるため、防災活動と重複することになる。「防災」体制を整えつつ、「BCP」の事業復旧に備えることもあるだろう。

「防災活動」の適用事象は、自然災害や感染症である。一方、「BCP」の適用事象は、自然災害や感染症にかぎらず、さらに幅広く、財務リスク、労務リスク、マーケティングリスクなど、「ヒト、モノ、カネ」に関わる業務を停止させる全要因を含む広範囲な取組が含まれる。「防災活動」の成否の評価内容は、「損害額や生存率」といった被害の度合いとなるが、「ＢＣＰ」の評価内容は、被害がどの程度抑制できたか、また復旧時間は早かったのか遅かったのかという点になる。そして、「防災活動」は、基本的に事業所や工場などの拠点単位の対応となることが一般的であるが、「ＢＣＰ」は、全社での対応になる。関東で大地震で被災した場合、「防災」は関東だけで対応するが、「ＢＣＰ」は関西や九州に工場や支店がある場合には、被災工場だけでなく、応援や業務の代行、契約先との調整など全社で対応する形になる。

本書では、ＢＣＭの全体プロセスを構築していくうえで、ＢＣＰと防災活動をあえて明確に分けず、その都度説明を加えていきたい。

第4章

事業継続の基本方針と影響分析

第1節

BCMの基本方針とBCPの策定体制

ＢＣＭが経営レベルの戦略活動であることを理解し、その中核としてＢＣＰを策定していくが、策定体制をつくることも重要である。事業の継続性や基本方針の重要性、ＢＣＰ策定メンバーの選定および策定作業の形態などについて説明する。

経営レベルの戦略活動としてのＢＣＭ

第３章で、ＢＣＭの基本方針は事業継続に対する事業者の考え方を示したものであり、それがＢＣＰ策定の基礎となることを説明した。その基本方針を策定するためには、従事する介護事業が社会においてどのような役割を担っているのかを明らかにすることから始めなければならない。そして、事業が中断することでその役割が果たせなくなったときに、どのように対応するのかをあらかじめ決めておくことが必要だ。それこそが事業継続に対する基本的な考え方であり、BCP策定の基礎になる。

また、BCMが経営レベルの戦略的活動であることから、その対象が事業全体に及ぶことは明らかだが、その中核を担うBCPも事業全体を対象として策定されるべきだろう。このため、BCPを策定するための体制づくりについても十分な配慮が必要だ。策定に必要な「②分析・検討」は事業全体に及ぼす影響を対象とする必要があり、一部の部署が「③事業継続戦略・対策の検討と決定」を担当すると、検討範囲が狭くなったり、決定事項が各業務に及ぼす影響を十分に把握できなくなったりする可能性が生じてしまう。このようなことを避けるために、事業主体全体を横断するような策定体制をつくることが重要になる。

ここでは、BCMの基本方針を策定する要領と、BCP策定のための体制整備について説明する。

「事業の継続性」という視点で環境要因を把握

BCMを実施する際には、とくに「事業の継続性」という視点に立ってこれらの環境要因を把握することが必要だ。介護事業は社会への貢献という側面が大きいという基本的な特性を有しているが、事業として成立しなければ社会的貢献もできない。平素は、社会への貢献を重視しつつも事業性を無視することは難しいだろう。このため、どうしても効率性を高めることに努力が集中しやすくなり、環境要因、とくに関連企業に関してはこの視点で把握する傾向が強くなると考えられる。しかし、ＢＣＭを実施するうえでは、効率性よりも継続性が優先されることが必要だ。決して効率性を無視するということではなく、継続性を優先するなかで可能な範囲で効率性を追求するということだ。このため、関連企業を把握する際には、インシデントが発生したときに取引を継続できるかどうか、取引の減少がどの程度抑制できるのか、といった視点が必要になってくる。効率性の観点では取引先が数社に限定されるような場合でも、継続性の観点では幅広い関連企業と少額の取引を行うといった判断もありうるだろう。継続性の視点に立てば、環境要因としての関連企業の数も多くなる。

基本方針の重要性

また、基本方針はＢＣＭを実施していくうえでの大きな準拠となるものだ。ＢＣＭは６つのプロセスで構成されていることは前述したが、基本方針は、そのすべての段階において常にそのスタートラインになる。インシデントが介護事業にどういった影響を及ぼすのかといった分析やこれに対応するための戦略の立案、戦略を実行計画に具体化するBCPの策定、決定されたBCPに基づいて平素から行う準備や訓練、そしてこれらを通じてBCMを見直し改善していくそれぞれの場面で、作業を進める前に常に意識しなければならない最重要事項であり、判断に迷った場合には立ち返るべき指針となる。

一方、全体構成のところでも言及したが、BCMは平素の業務から離れて単独で成立するものではない。BCMは、平素の業務遂行状態から、インシデント発生を受けて緊急避難的に実行されるBCPへのスムーズな移行を目的とするものだ。このため、BCMの基本方針は、平素の業務の基礎となる経営方針や事業戦略に立脚することが必要である。平素の介護事業で優先されたり重視されたりする事項は何か、インシデントが発生した場合にこれらのことが継続して優先できるのか、できない場合は何を優先し重視して取り組んでいくのか、といった検討を踏まえて決定する。

これまで説明してきたように、基本方針は、BCMを実施していくうえでもっとも基礎となるものであり、その内容を文章で表現したものだ。BCMを実行していくうえで常に行動の準拠となり、BCMを通じて達成しようとするテーマのようなものでもある。

内容はそれぞれの事業主体が置かれた環境によって異なるが、広く社内全体で共有しやすいように、わかりやすいものがいいだろう。また、いつでもそこに立ち返ることができるように、たとえば「被介護者と職員の安全を守る」、「災害発生時に被害を最小限に食い止める」、「近隣の要介護者を受け入れる」などのように、内容を端的に表現した短い文章を添えておくことが推奨される。

ＢＣＰの策定体制

ＢＣＰを策定するためには、具体的な策定プロセスに入る前に策定のための体制を整備する必要がある。これは、誰がＢＣＰ策定の責任者であり、どのようなメンバーが策定に参加するのかということでもある。ＢＣＰの策定にはある程度の時間がかかるので、いつ、どこで作業をするのか、どのような手順で作成するのかもあらかじめ定めておく必要があるだろう。

ＢＣＰがＢＣＭのなかで中心的な位置づけにあることは前節で説明したが、その際、ＢＣＭが平素の経営方針や事業戦略と密接に連携していることにも触れた。ＢＣＭは、経営方針や事業戦略を前提にして、事業継続に焦点を当てた管理プロセスであることから、最終的な意思決定が経営者のレベルでなされなければならないことは明らかである。BCMの検討を進めた結果、インシデントが発生した場合には、一時的であっても経営方針に変更が生じるかもしれないし、事業戦略を大きく見直さなければならない可能性もある。

経営者レベルの関与が不可欠であることは確かだが、その形態はさまざまだろう。BCMの責任者に経営者レベルの人材を直接充当する場合もあれば、BCMを担当するチームを編成して経営者レベルの直轄扱いにする場合も考えられる。事業主体内の既存の組織を活用し、経営者レベルへの報告や承認を義務付けるようなケースもあるだろうが、いずれも経営者レベルでの意思決定を伴うという点では同じだ。そうであれば、BCMの責任者が意思決定できればもっとも効率的ということになる。したがって、BCPの導入や、内容を決定する責任者は、法人、会社、組織における最高意思決定者が望ましい。

BCP策定メンバーの選定、策定作業の形態

BCMの責任者を選定したら、BCP策定業務を担当するメンバーの選定を行う必要がある。BCMは事業主体全体に対して適用されるべきものだから、組織横断的に策定

業務を進める必要がある。当然、策定には社内の各部署から関係者が参加することになるが、その形態は各事業主体によってさまざまだろう。プロジェクトとしてＢＣＰ策定チームを編成することもあれば、平素の業務の一環として中心となる部署に関係部署が協力するという形態をとる場合もある。いずれにしても、社内の関係部署が所管するすべての業務について、網羅的に分析しＢＣＰに反映することが必要だ。このため、可能であればすべての部署から参加者を選定するべきだが、それができない場合でも、全体構成の段階で検討した業務区分ごとにその内容を分析・検討できる人材を必ず含めるようにするべきだろう。

ＢＣＰの具体的な策定作業を行う時間や場所は、策定形態に大きく左右される。ＢＣＰの策定がプロジェクトとして認定されて策定チームが編成される場合、専用の施設や備品が提供される場合もある。策定のための期間が設定されてその間は策定業務に専従することもあるだろう。その一方で、平素の業務の一環として取り組む場合は、策定に関連する会合や会議は関係者の調整によって開催され、作業は平素の業務と並行して行われることになる。各部署が分析・検討して作成した内容も、中心となる部署が平素の業務と同様に取りまとめ、作業を進めていくことになる。明らかに前者のほうが、効率的にＢＣＰを策定できると考えられる。どのような形態でＢＣＰの策定を進めるかは経営者レベルでの意思によって決定されるが、ＢＣＰを重視するのであれば、努めてその態勢をとるようにするべきだ。

第2節 事業影響度分析

ＢＣＰ策定においてもっとも重要な段階のひとつが「事業影響度分析」だ。インシデントが事業の継続に及ぼす影響を明らかにして作業が進められる。そしてＢＣＰを策定する際、事業影響度分析によって導き出された重要事業の「目標復旧時間および目標復旧レベル」を設定しなければならない。さらに、許容限界や許容レベルの設定も必要である。

事業影響度分析の具体的検討

ＢＣＰ策定において重要な段階のひとつが「事業影響度分析」だ。これは、ＢＣＭのなかでは「②分析・検討」に位置し、そこでは、「①基本方針の策定」において定められたＢＣＭの基本方針に沿って、インシデントが事業の継続に及ぼす影響を明らかにすることを目的として作業が進められる。そして、それによって明らかになった内容を基にして、「③事業継続戦略・対策の検討と決定」においてＢＣＰ策定に必要な事業継続戦略を具体化させることになる。

　事業影響度分析を行う目的は、事業主体として優先的に継続を図り、停止した場合は早期の復旧を追求するべき重要業務を明らかにすることにある。そして、次の作業として、重要業務を優先としつつも、それに関連して必要となる業務を明らかにし、いつまでにどのレベルまで復旧する必要があるのかという、「目標復旧時間」と「目標復旧レベル」を合わせて検討することが求められる。

　また、事業継続戦略については第5章で説明するが、この段階から開始されるインシデントの事業に対する影響の分析も、事業継続戦略とともにBCPの全体構成に留意して進められなければならない。BCPの内容は、分析された影響に基づいて検討された戦略や対策の内容を反映して規定されるのだから、影響分析や戦略の検討はBCPの構成に留意して実施される必要がある。いくら影響分析が細部にわたり、戦略や対策が入念に検討されたとしても、処置内容を具体化する段階でこれらが十分に反映されなければ意味がない。BCPの構成とまったく無関係に実施された影響分析や検討された戦略や対策は、BCPを具体化するときに漏れてしまったり、反映内容の相互関係に齟齬をきたしてしまったりする可能性が生じてしまう。インシデントの影響分析や事業継続戦略とＢＣＰとの一体性を確保するためにも、この段階の初めにＢＣＰの全体構成を明らかにしておく必要がある。

まずＢＣＰの全体構成について説明した後で、事業影響度分析、目標復旧時間と目標復旧レベルの順にその要領を説明する。

ＢＣＰの全体構成

ＢＣＰの全体構成とは、ＢＣＰがカバーする時間的・空間的範囲を包含し、各事業主体の特性に応じて複数存在する業務区分に留意しつつ、時間経過に応じた復旧状況の推移を規定して定めるＢＣＰの枠組みを意味する。ＢＣＰを策定する際には、それによって律せられる範囲をあらかじめ定めておく必要がある。これが不明確だと、計画を発動する時期や場所、業務区分などに応じてとるべき処置・対策の程度、担当者などがはっきりせずに計画の実効性が低下してしまい、実際にインシデントが発生したときに対応を困難にしてしまう可能性が高くなってしまう。

まず、時間的範囲だが、インシデントが発生して業務が停止、あるいは何らかの影響で中断されてからＢＣＰが発動され、業務が全面的に復旧するまでを含むことは明らかだろう。しかし、それだけではBCPを有効に機能させるためには不十分だ。BCPは、平素の業務を遂行しているなかでインシデントが発生した場合に、緊急避難的に実行に移されるという性格を持っている。このため、BCP策定に際しては、平素の態勢からのスムーズな移行ということを十分に考慮する必要がある。したがって、BCPで規律するべき時間的範囲は、BCP発動に関連して事前に準備しておくべき事項に必要なリードタイムを含み、業務が全面的に平素の態勢に戻るまでということになる。

空間的範囲は、次に述べる業務区分とも関連する。介護事業は介護施設で実施されるが、複数の介護施設を運営しているとすれば、それぞれの介護施設を含むことは明らかだ。さらに、介護施設で行われる介護業務と介護事業全体を管理する管理業務が別の施設で実施されているようなケースでは、管理施設も当然含まれる。また、それぞれの施設が離れて存在するような場合には、施設間の移動も重要な要素のひとつと考えられ、経路や手段を含めた空間を加えてBCPで検討するべき空間的範囲を認識することが必要だ。

各業務区分に応じた検討と関連性

次に、業務区分だが、前述したように介護事業は、多くの業務が相互に関連しながら全体を構成する複雑なものである。実際に介護を行う介護業務、介護に必要な物資の調達や保管・備蓄を担当する補給業務、被介護者の健康状態を把握し必要な医療行為を行う医療業務、介護施設を維持・管理する施設管理業務、政府や地方公共団体、関係企業などとの調整や各スタッフの人事面での管理、事業全体の経理などを担当する管理業務など、各事業主体の特性に応じてさまざまな業務が存在する。

たとえば、被介護者と直接接する介護業務は、被介護者を中心として組み立てられているため、個々の被介護者の特性に応じてカスタマイズされているという根本的な特性を有している。このため、すべての介護業務をひとつとしてとらえることが難しく、すべての要因を最大公約数的に包含しなければならない。BCP策定にあたっては、そのような特性を十分に反映して検討することが必要になる。後述する復旧段階の設定には、この各業務が持つ特性が大きく影響するため、業務区分の検討は慎重に行うことが重要だ。いったん業務区分が定まったとしても、分析を進めた結果、それに不具合が生じた場合には、業務区分の検討に立ち戻ることも必要になる。

このように、BCPを具体的に策定するためには業務区分に応じた検討が必要だが、ここではその細部に入るのではなく各業務の関連性に着目する。業務区分相互の関連性を考察する目的は、重要業務を明らかにすることにある。前述したように、同じ介護事業でも各事業主体が行う業務内容はさまざまであり、業務区分もそれに応じて異なることが予想される。しかし、介護事業が被介護者に提供されるサービスである点は共通していると考えられるため、もっとも中心になるのは介護業務であろう。

その他の業務は、介護業務を支えるためにそれぞれの業務を遂行し、全体として事業が成立していると考えれば、介護業務の継続こそがＢＣＰが目指すものだということができる。いうまでもないが、このことは、その他の業務が介護業務よりも重要ではないということを意味するものでは決してない。

復旧段階の設定

最後に、復旧段階の設定だが、これはＢＣＰの最終的な目的でもある事業の全面復旧を実現するためのロードマップ的な存在でもある。一般的には、平素の段階からインシデントが発生してＢＣＰが発動され、事業を継続するための対応が開始される。インシデントの特性にもよるが、インシデント発生直後はその状況を確認し、必要に応じて救命・

救助の処置を行うことが予想される。この段階を本書では「初動対応」段階とする。この段階では、インシデントの解明状況とも合わせ、必要に応じてＢＣＰが発動される。

インシデントによって介護業務が一時的に停止していた場合は、取り急ぎこれを再開させなければならない。再開した介護業務が一定のレベルで提供されるまでを、本書では「応急復旧」段階とする。当然、救命・救助が長引けば、それが実施されている間に介護業務を再開させるための処置が施され、再開されることも十分にあり得る。このため、時間的にみればそれぞれの処置が並行して実施されていることになるが、本書では段階としては次に移行したと考える。

本格復旧段階の対応

「応急復旧」段階に続き、さまざまな処置によってその他の業務が再開され、介護業務が安定的に提供される状況になる。そして、最終的には平素の段階まで回復することになるが、この段階を本書では「本格復旧」段階とする。つまり、時間的にみれば、「平素」段階→「初動対応」段階→「応急復旧」段階→「本格復旧」段階の順に並ぶことになる。また、ここでは、各段階に時間の設定がなされていないことに注意が必要だ。これは、復旧のレベルと合わせて考えるべきものである。

復旧段階が明確になったら、各段階で介護業務をどの程度復旧させるのかを大まかに定める。このとき、復旧を目指すレベルの設定も重要だが、それをいつまでに達成するのかという時間の設定も必要になる。当然、業務には時間をかけなければ復旧できないものも含まれているが、ここではいつまでに、どのレベルまで復旧させなければならないかということが判断基準になる。介護業務でいえば、どの程度の内容まで介護が提供できるようになれば、応急復旧が達成されたと判断することができ、それはいつまでに達成されなければならないのか、ということを明らかにすることになる。全体構成を定める時点では、十分な分析はできていないから、その内容は感覚的なものにならざるを得ない。しかし、今後ＢＣＰを具体的に策定していく枠組みとしてはそれで十分であり、分析や検討の努力を向ける箇所を明らかにできる。

事業影響度分析

ここでは、発生したインシデントの種類を特定することなく、全体構成の段階で検討した業務区分に従って、全業務が停止した場合をもっとも被害が甚大な状況だと想定して分析を開始する。介護事業において、最悪の場合には介護業務も、補給業務も、管理業務もすべて停止したと仮定する。そうすることで、介護事業全体に対して、各業務が与える影響の大きさを分析し、最優先で復旧させるべき重要業務とその他の業務との関連性を明らかにする。介護事業では、介護業務が中心であることは当然としても、その他の業務の優先順位は各事業主体によって異なるだろう。

たとえば、介護に必要な物資の補給を系列会社で行っている事業主体と、完全に外部の企業に依存している事業主体とでは、補給業務の優先度が異なるだろうし、介護施設を単独で運営している場合と、複数、広範囲に展開して運営している場合では、施設管理業務もまったく異なることが予想される。

初期条件の設定

また、この分析では初期条件の設定が必要となる。初期条件の項目は多岐にわたるが、被介護者の人数、要介護度の分布、給食用食材の保有状況、介護用物資の保有状況などがこれに相当する。業務停止の影響分析は、これらの項目の状況をあらかじめ設定してから実施することになる。ここでは、できるかぎり現状を基準として初期条件を設定することを推奨する。普段はもっと米のストックを保有しているが、たまたま補給の直前だったため少なくなっているというような場合もあろう。しかし、インシデントはいつ起こるかわからない。ここでの分析の焦点は、万全の態勢でインシデントの発生を迎えることではなく、各業務が停止したときに生じる影響度の判定である。どのような初期条件でも、重要な業務に変化が生じることはないだろうから、これに影響度の判定を加えて優先的に対処するものを決定することになる。

業務の停止が事業全体に及ぼす影響を分析する方法は数多くあるだろう。一般的には、その業務の停止が事業のどの部分に影響し、どのような結果が予想されるのかといった分析になるだろう。このため、影響を見るための視点、評価するための項目の設定が必要となる。介護事業であれば介護業務が中心なので、各業務の停止が介護業務にどのような影響を及ぼすかということが評価項目のひとつになることに異論はないだろう。しかし、それだけでは不十分だ。その業務が停止することによって、介護業務のどの部分にどのような影響が生じ、それが介護事業全体にどのように作用するのかを考えなければならない。

補給業務停止時の事例

たとえば、補給業務が停止して、給食に必要な食材が十分にストックされていない状況が発生したとする。給食が提供できないのだから、介護業務の一部が停止することになってしまうが、影響はこれだけにとどまらない。必要な食材がいつもとは別のルートで入手可能になったとしても、価格が高くなって経費を圧迫するかもしれない。給食そのものを外部委託することになれば、コスト面への影響をさらに悪化させることにもなりかねない。被介護者に必要な栄養を提供することができず、食品アレルギーを持つ被介護者への配慮に齟齬が生じる可能性もある。

そのような状態が続けば、事業主体に対する評価の下落もあり得るし、それを防止するために、事業継続への努力について広報する必要性も生じるかもしれない。法令や条例に抵触していないかといったチェックも必要となり、被介護者との契約内容への違反の有無も確認しなければならなくなるだろう。このように、中心となる介護業務だけでなく、処置や確認が必要な事項を所管する各業務への影響も発生する可能性がある。

また、ここで注意してもらいたいのは、発生する影響を時系列的にとらえ、できるだけ定量的に評価するということだ。業務停止による影響を分析する際は、往々にして影響度が大きいものから分析することがあり得る。影響度が大きいということは、対策も重要になる傾向があることは否定しない。しかし、ここでは対策を気にするよりも、各業務の停止が事業全体に及ぼす影響の把握に集中してもらいたい。その業務においては些細な影響に見えるようなことでも、事業全体でみれば大きな影響を及ぼしかねないものがないとは決して言いきれない。介護事業に及ぼす影響を漏れなく拾い上げるためには、時間を追って発生する影響を把握することが不可欠だ。

定量的な影響度の評価

影響度を定量的に評価することについては、「可能な範囲」という留保が伴う。業務区分が多岐にわたればわたるほど、それらの影響度の比較は困難になると思われるが、これを回避するもっとも効果的な方法は、影響度を定量的に評価することだ。定量化の手法には、全業務量を１００として影響によって停止している業務量を数値化する方法や、影響単位のようなものを設定して単位数をカウントする方法などが考えられるが、ここでもっとも重要なことは、各業務の停止が事業全体に及ぼす影響度を比較することにある。事業影響度分析の目的は、重要業務を明らかにして事業継続戦略や具体的な対策を立案することにあるのだから、影響度の定量化はあくまでも手段にすぎない。そこに時間をかけることによって、次のプロセスが遅れるようなことがあれば本末転倒になってしまう。業務区分がよほど複雑でないかぎり、簡便な方法を使用してもいいし、影響度の大小といった定性的な評価でも十分な場合がある。もし、事業継続戦略の立案に際して、どうしてもある程度の定量化が必要だと判断すれば、フィードバックすることも可能だ。ここでは各事業主体の特性に応じて、柔軟な判断が必要だろう。

目標復旧時間と目標復旧レベル

事業影響度分析によって重要業務が特定され、それと他業務との関連性が明確になったら、中断したこれらの業務をどのように復旧させていくのかを決める必要がある。事業継続の観点からは、復旧の方向性や復旧方針というように表現されることもあるが、ここでは事業全体ではなく区分された業務ごとに、業務を継続するための目標を定めることによってこれを明らかにする。したがって、事業を継続するために、いつまでにどの業務をどの程度まで回復させるのかということをポイントとして検討を進めることにする。

重要業務を中心として、各業務をいつまでに復旧する必要があるのかを明らかにしたものが「目標復旧時間」であり、各業務をどの水準まで回復させる必要があるのかを明らかにしたものが「目標復旧レベル」だ。これは、理想的にそれを達成するという目標ではなく、必要性から検討される。企業がリスクに直面して、何らかの被害が生じ、事業が中断した場合、目標復旧時間と目標復旧レベルを定めなければならない。これは、組織の存続に関わる重要な業務を見極め、限られた会社資源をどのように活用し、いつまでにどの事業を優先して、どのレベルまで復旧するかという数値目標である。

優先事項の認識

介護事業においては、水道や電気などのインフラが機能しなくなる災害が発生した場合に、職員全員が優先事項は何かを認識しておく必要がある。事業を復旧する目標時間を設定するには、サプライチェーンのＢＣＰ策定状況も把握しておく必要もある。同様に行政の支援体制、連携要領にも影響を受けることも考えられる。可能であれば、サプライチェーンは、単一企業に依存するのではなく、異なる系列の複数の企業を選定しておき、関連事業での業務復旧能力を把握しておくと自己の目標復旧時間が設定しやすくなろう。

復旧目標時間の設定には、業務の進捗管理や職員の意識高揚という要素もあるが、さらに業務停止の許容時間および各業務内容の許容されるレベルがどの程度なのか、経営判断により設定する必要がある。許容時間内に復旧しなければ、契約が解除されるとか、自社の製品が使用期限を迎える、会社が倒産に追い込まれるなどの状況も考えられる。目標復旧時間の設定は、いろいろな要素が絡み合っているので、ＢＣＰ策定時に関係者間で十分な検討が必要である。

許容限界時間

最初の作業として、各業務がどのくらいの時間にわたって中断し、業務内容がどの程度のレベルまで低下しても許容されるのかという判断が必要になる。これらを、「許容限界時間」と「許容限界レベル」と呼ぶ。

たとえば、長期滞在型で特定の疾病を持つ被介護者を含まない介護事業を行っている事業主体を想定する。そして、事業内容を簡略化し、その事業主体においては介護業務が重要業務であり、補給業務がこれを支えるための関連業務だと仮定する。この場合の介護業務における「許容限界時間」はどのように決まるのだろうか。

介護業務には、被介護者の状態に応じて、日常の食事や入浴、排便などに始まり、服薬などの健康面でのケア、必要に応じた軽い運動の補助や個々の被介護者についての記録の管理など、多岐にわたる業務が含まれている。これらの細かな業務が、どのぐらいの時間、実施できなくても大きな問題を生じないかということを検討する。食事は1日3回が基本だが、2回までに抑えても1日~2日は栄養面で問題が生じないと判断すれば、もっとも長くて12時間程度ということになる。入浴は健康面への問題が生じない範囲で、2~3日は行わなくても我慢できるとすれば、最大72時間程度ということになる。もちろんこれはあくまでもたとえであり、それぞれの介護事業主体や被介護者の状況に応じて長くなったり短くなったりする。日常のケアは当然優先されることから「許容限界時間」は短めになることが予想され、一定の間延期されても大きな支障を生じない業務は長めになるだろう。このなかで、もっとも短い時間が介護業務における「許容限界時間」になる。

このとき、介護業務を支える補給業務についても「許容限界時間」を検討することが必要だ。補給業務も、介護業務に直接影響する内容もあれば、直接は影響しなくても何らかの業務を介して介護業務に関係する業務もある。食事に必要な食材の調達もあれば、タオルやシーツなどリネン系の補給もあるだろう。食材は、インシデントが発生した時に冷蔵庫などの保管施設にどの程度残っているのかも重要な判断要素になる。介護業務において食事の提供の許容限界が12時間だと仮定したとき、まったく在庫がなければ「許容限界時間」は12時間程度になるが、1食分の在庫があったとすれば、次の補給に残されている時間はプラス12時間の計24時間ということになる。その他の業務も同じようにに検討して、「許容限界時間」を具体化する。

許容限界レベル

次に、「許容限界レベル」だが、これもそれぞれの細部の業務について検討し、もっとも許容度が低いものを基準として設定する。先ほどの例で、介護業務の「許容限界レベル」を検討してみよう。「許容限界時間」を規定した食事について考えると、提供される内容と提供される形態にレベルが設定されると考えられる。内容からみると、被介護者に必要とされる熱量や栄養素を確保することがもっとも優先されるが、それがどの程度低減しても許容されるのかということが検討の焦点になる。平素計算されているものが必要最小限のものであれば、それを削減することは許されない。しかし、ある程度の余裕をもって計算されていればその分を減らしたり、短期間であれば必要最小限のレベルを下げたりすることが可能になるかもしれない。同じ介護業務でも、服薬や健康面でのケアはレベルを下げることができないのに対して、軽い運動のサポートや記録管理はレベルを下げることが可能な部分かもしれない。

提供される形態の観点では、温かいものを温かいまま、冷たいものを冷たいまま提供できるのが理想だが、状況によってはレトルトや缶詰などをそのまま提供しなければならないことも考えられる。また、調理器具や施設の使用に制約があれば、同じような献立を繰り返さなければならないかもしれない。これらをどの程度許容できるのかについても、細部の業務ごとに検討することが必要だ。

この考え方は補給業務にも共通しているので、細部の業務について検討された許容レベルを総合的に判断することになるが、「許容限界時間」を検討したときと同様に介護業務に直接影響するものとその他を区分して検討することが必要だ。食材の調達であれば、必要な栄養素を確保できれば種類は何でもいいのか、使用に耐えられれば賞味期限を過ぎていても問題としないのかなど、内容について考えなければならないことはたくさんあるだろう。形態についても、生鮮食品ではなくレトルトなどで対応可能なのかなど、関連業務との関係で検討する必要があるものも多いと考えられる。いずれにしても、それらを総合的に検討して「許容限界レベル」の設定が求められる。

事業全体の許容度

最終的には、各業務で検討された「許容限界時間」と「許容限界レベル」を基にして、事業全体の「許容限界時間」と「許容限界レベル」を明らかにするのだが、このときに注意しなければならないことがある。それは、これらが事業全体に対してどのような位置づけにあるかということだ。単純に考えれば、もっとも許容度が低い業務が事業全体の許容度を下げることになるが、必ずしもそうならないことがある。たとえば、3日に一度の医療的処置を必須とする被介護者がいるとすると、その「許容限界時間」は72時間ということになる。給食の提供間隔が12時間許容できるとすれば、基準は12時間ということになるが、この方に医療的処置がなされなければ生命の維持ができないとすれば、食事を確保できても意味がない。許容度が高いほうが復旧の際の優先度を高くしなければばならなくなる可能性があるのだ。このため、これらの検討の際には、決定的に必要な業務は何か、ということも重要な要因になる。

このようにして明らかにされた「許容限界時間」を超えないように「目標復旧時間」は設定され、「許容限界レベル」よりも低減しないように「目標復旧レベル」が決められる。

第3節
リスクの分析と評価

BCP策定の手順として、事業影響度分析と並行して「リスクの分析・評価」が行われる。一般的なリスクの事例や介護福祉施設のBCPにおけるリスク要因について概観し、リスク共有の重要性などをみていこう。

インシデントそのものが持つリスク

事業影響度分析と並行して実施されなければならないのが「リスクの分析・評価」だ。事業影響度分析が、発生したインシデントによる事業への影響を分析するのに対して、リスクの分析・評価は、事業を停止させるリスクの種類を明らかにすることを目的として実施される。このため、発生するインシデントそのものが持つリスクを分析・評価することが焦点となる。事業の継続に及ぼす影響という観点では、事業影響度分析と相当程度オーバーラップすることになるため、これと事業影響度分析は相互にフィードバックしつつ進めることが必要である。

リスクの分析・評価

事業影響度分析と並行して実施されるリスクの分析・評価では、どのようなインシデントが事業の継続に影響を及ぼすのかを明らかにし、それが発生する可能性はどの程度なのかということが焦点になる。このため、この作業は、業務区分に応じてそれを停止させるリスクを洗い出すことから開始することが必要になる。

リスクの評価や分析を行う手順としては、事業を継続する場合に障害となるリスク要因をすべて列挙し、それらの要因が、事業継続にどの程度影響するかを分析し、さらに各セクションが客観的・論理的に手順書などを使用し、できれば定性的・定量的にそのリスクを評価することが重要である。そして、次の段階として、そのリスク分析の内容は、職員や関係者間で共有されなければならない。

リスクの事例

ＢＣＭに取り組むため、どのようなリスクが存在し、優先的に対応すべき事象の種類や被害水準であるかを見極めることが必要である。ここで、一般的なリスク要因の事例を示しておこう。社外要因によるリスクには、自然災害や感染症などの災害、景気変動、人材不足などの事業環境の悪化に加え、近年ではコンピューターに関わる要因により事業継続に影響を与えるであろうことが見積られる。一方、社内要因としては、戦略、財務、労務、法務などが挙げられよう。

(1) 社外要因によるリスク

《災害など》地震、風水害、豪雪、落雷、竜巻、火災、パンデミック、交通事故
《事業環境》景気変動、人材不足、政情不安、競合サービスの成長
《システム関連》コンピューターウイルス、ハッカー攻撃、社外への情報漏洩

(2) 社内要因によるリスク

《戦略》新サービス開発の失敗、人材流出、企業買収

《財務》資金不足
《労務》労働争議、ストライキ、ハラスメント、職業病、過労死、労働基準法違反
《法務・コンプライアンス》違法行為、規制違反、知的財産侵害、不正行為、情報漏洩、虚偽申告、虚偽発表
《過失》機器の誤操作、データ誤入力、情報システム誤処理、誤送付・配布、誤廃棄、紛失、転倒、食中毒、交通事故
《故意・犯罪》暴力、破棄、盗難、脅迫、風説の流布、風評被害
《事故・故障》設備・施設の故障、情報システム障害、インフラ停止

衝撃度を縦軸、発生頻度を横軸として、リスクの分布状況を見たものが次ページの図表4-1である。内閣府中央防災会議、国土交通省、気象庁などのデータによると、地震、津波は衝撃度、発生頻度ともに大きい。風水害の発生頻度は地震、津波のそれをやや下回る。また2020年の新型コロナウイルスの感染拡大に見られるように、パンデミックの発生頻度は低いが、衝撃度は大きい。

図表4-1　リスク分布図

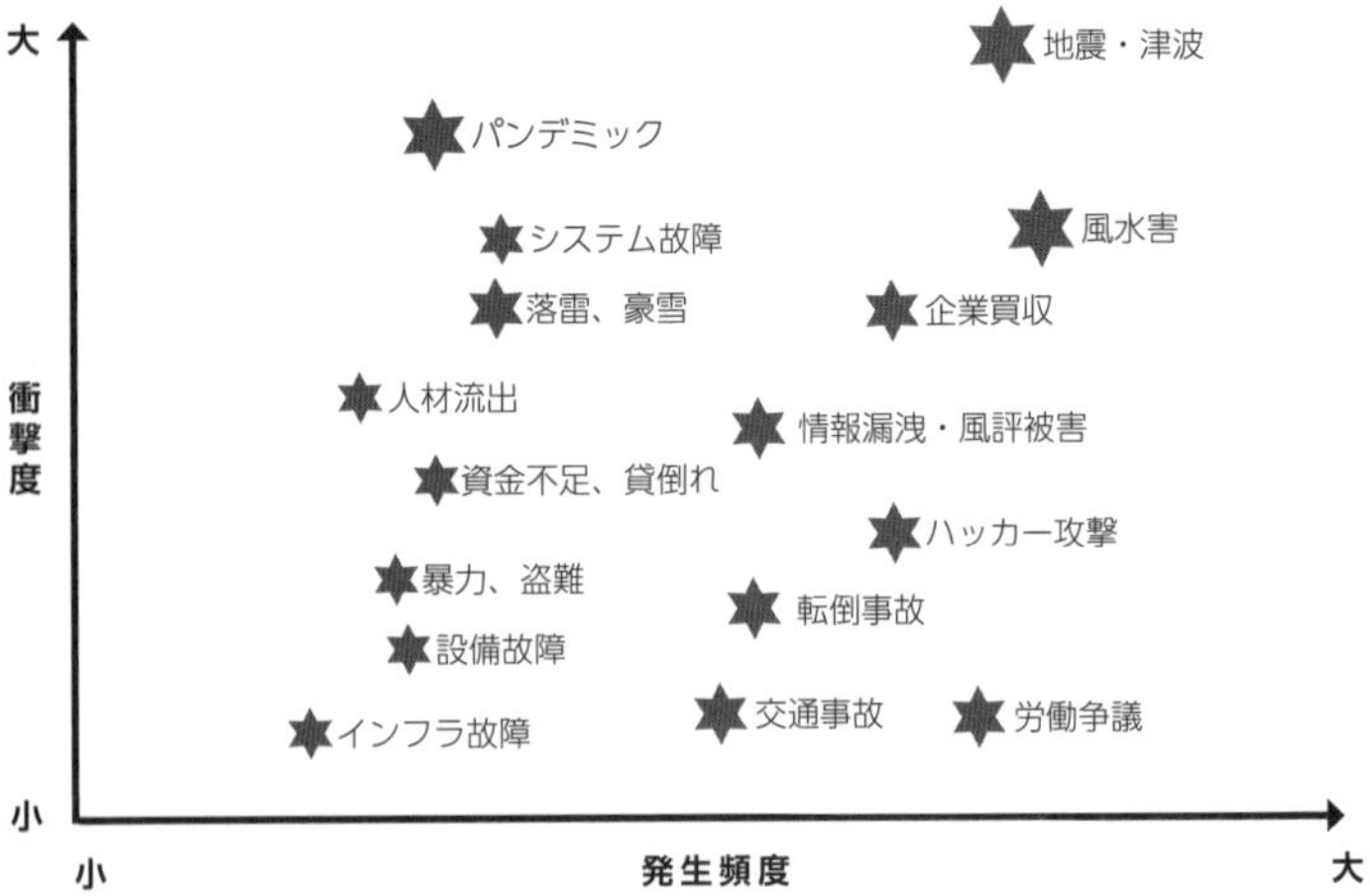

出所：サンタフェ総研 BCP チーム

社外要因によるリスク

日本は、地震大国で、日本列島は台風や活発な前線活動による集中豪雨の頻発地域である。また、何年かに一度、感染症パンデミックが発生している。

わが国の地理的気象上の特性として、地震・津波被害および台風や集中豪雨などの風水害被害が多発することから、それらのリスクについても備える態勢が必要である。地震予知連絡会は、「元禄関東地震」から「関東大震災」までの220年間をひとつのサイクルとして、今後のマグニチュード7クラスの大地震の発生確率を予測している（図表4-2）。

220年の間に8回発生しているため、単

図表 4-2　元禄関東地震と大正関東地震の間に起こった主な地震

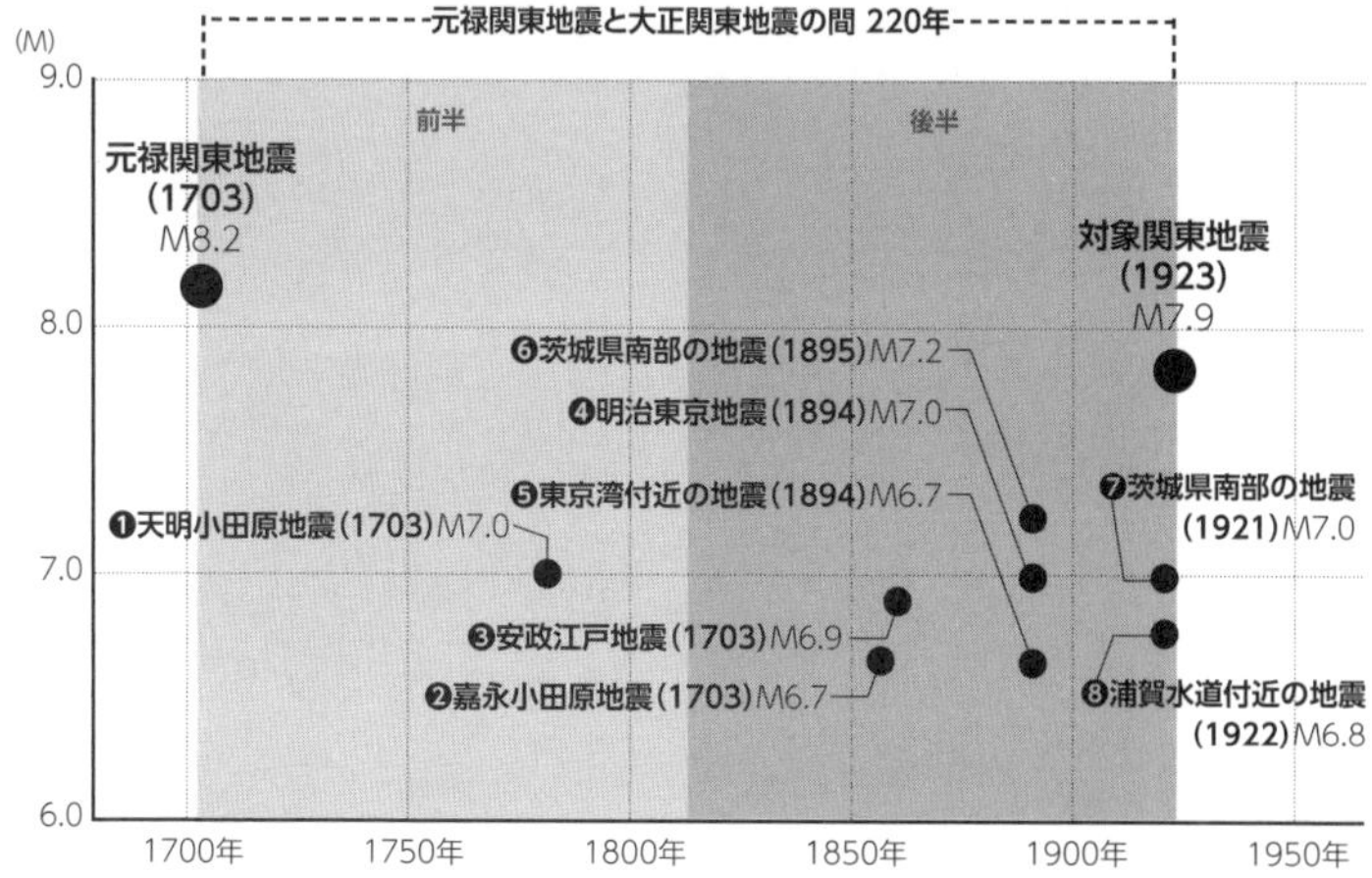

出所：内閣府

純に計算すると27・5年に1回となる。これをもとに地震学で用いられる将来予測の計算式に当てはめて「今後30年以内に70％」という発生確率が導き出されたそうである。風水害もパンデミックも犠牲者が多数発生し、社会や経済への影響も大きいが、予告なく突然発生するものである。震度によって甚大な被害が発生する地震への対応をしっかり行うことを第一に考慮し、その考え方や対処要領を他の災害に応用していくものとしていくやり方が、BCP策定の一般的手法である。

介護BCPのリスク要因

　介護事業を停止させる可能性がある自然災害として最初にイメージされるのは、地震であろう。東日本大震災のように、津波を伴って広域にわたり被害を及ぼすものは、事業停止をもたらすリスクがかなり高いことになる。東日本大震災では、電気、ガス、水道といったライフラインの途絶が発生し、介護事業を継続するためのリソースが絶たれてしまった。関東地方では公共交通機関が停止したことで、通勤ができなくなる状況も発生し、介護スタッフを介護施設に集めることすら困難であった。道路が寸断されて陸上輸送・流通ルートが維持できず、ガソリンが不足するといった事態もしばらく継続した。介護用物資の備蓄はすぐに底をつき、補給が思うように進まないという状況も継続した。

このような地震災害が発生した場合、介護事業はどういう影響で業務を停止することになるのだろうか。まず、地震が発生した直後は避難が優先されるため、その間は介護業務が完全にストップする。次いで、電気、ガス、水道といったライフラインが途絶すれば、照明の確保や冷暖房の使用に支障が生じるだけでなく、冷蔵庫などの食品保管設備や炊飯器などの調理家電が使用できなくなる。ガス調理器具も使用できなくなり、水の確保も困難になることから給食が大きく影響を受け、ライフラインが回復するまで業務が停止する可能性が高くなる。交通機関のマヒによる移動の制限はスタッフの確保を困難にし、介護業務そのものの復旧レベルを上げるうえでの阻害要因となる。介護用物資の不足は、介護業務の復旧の足かせとなり、物資確保のために人員を割くことによりスタッフの不足を加速して、介護業務の復旧をさらに遅らせることにもなる。

感染症対策実施の影響

一方、今回の新型コロナウイルスのような感染症が発生した場合は、どのような影響があったか振り返ってみよう。まず、感染予防として、被介護者も介護スタッフも、こまめな手洗いやうがい、マスクの着用や消毒といった処置が必要になった。いわゆる「3密」を避けるために、介護施設において密閉空間をつくらない、多くの被介護者を1か所に集めて密集状態にしない、介護を実施する際に密接する場合には、マスク、フェイスシールド、ガウン、手袋など防護服、防護機材の着用を徹底するとともに、被介護者との接触機会のたびに、機材などを使い捨てにするなどの対策がとられた。もし、ロックダウンが実施されれば、人の移動に制約を受けることから、介護スタッフの通勤・帰宅にも支障が生じるだろう。

新型コロナウイルスのような感染症は、どのような形で介護事業の縮小・停止につながるのだろうか。被介護者もスタッフもこまめな手洗い、うがいや施設内の消毒などを行わなければならず、それだけ時間とスタッフが本来の介護業務以外に割かれることになる。マスクを着用するためにはマスクの調達が必要であり、消毒するためには消毒薬を入手しなければならないが、３月、４月の全国的な感染拡大を受けてこれらの物資は著しく不足し、入手が困難であった。これを解消するためにスタッフを充当すれば、本来行わなければならない業務においてスタッフが不足する可能性があった。介護施設に密閉空間をつくらないために、被介護者の居室は窓やドアを開放しなければならず、冷暖房の効果が低下して余分な電力消費が発生してしまった。密集状態が発生しないように、被介護者間の交流は極力控えられ、ストレスが増大することで健康状態が悪化する可能性も考えられた。何より、密接する場面が多く発生する介護業務において、スタッフが前述のような感染防止策を徹底すれば、介護以外に割かなければならない時間が増加し、マスクや消毒液などの感染対策物資の調達に向けられる労力の増加が補給業務の担当者に多くの負担を強いることにもなったのである。調達に必要な財源も増大し、事業全体の収支を悪化させる可能性も考えられたのである。

こうして見ると、地震も感染症も介護事業を停止させる可能性が高いものの、強い影響を受ける要因には違いがあることがわかる。地震によるライフラインの途絶は、直接的に介護業務を停止させる要因となるのに対して、感染症は直接介護業務を停止させるのではなく、さまざまな要因や感染症対策が間接的に介護業務の実施を阻害することになり、結果として介護事業を停止させる可能性を高めると考えられる。スタッフの通勤に及ぼす影響も、地震発生時に、その被害が交通機関などに直接影響して移動を制限するのに対して、感染症では政策として移動が制限されるだけで、物理的には移動手段が確保されている場合が多い。また、これまで日本で発生した地震と感染症の状況を統計的にみれば、圧倒的に地震の発生回数が多く、大規模な被害が発生した地震も数多く起こっている。これらを全体的にみれば、地震による事業中断のリスクは感染症よりも高く、各業務に及ぼす影響も広範囲にわたり、なかでもライフラインへの被害が重大なことが明らかであろう。

社内要因によるリスク

自然災害や感染症のような社外要因のみならず、ハラスメント、情報漏洩、人材不足、労働争議、暴力事案など社内要因もリスクとして認識しておく必要があろう。２０１９年３月、厚生労働省から「介護現場におけるハラスメント対策マニュアル」が発刊された。日本社会の高齢化に対応するため、最重要な基盤のひとつである介護人材を安定的に確保し、介護職員が安心して働くことのできる職場環境・労働環境を整えるためのものである。介護現場では、さまざまなトラブルやハラスメントが発生する可能性もある。その兆しがあったら放置することなく、介護現場におけるハラスメントの実態を把握し、対策を講じ、良好な職場環境・労働環境を構築することが求められよう。

食事介護におけるリスク

また、ある介護施設において、経口摂取による食事介護中誤嚥性肺炎を発症し、入所者が死亡された事案について、その過失の有無が裁判となり、介護事業者側が敗訴する事例が発生した。これも、介護事業者からするとひとつのリスクである。施設業務実施上不可能な介助方法（24時間常時見守り）、生命の危険に及ぶ介助方法（危険性のある経口摂取の喫食支援）などについては、「たとえ家族の要望でも危険な介助方法の要望には応えてはいけない」ことになっている。かりに「事故が起きても施設は一切責任を負わない」という念書があったとしても、「消費者契約法８条（２００１・４）により、賠償責任免除は無効とされる」と規定されている。この事案も施設にとってはリスクのひとつであろう。入所者の転倒による事故などもリスクとして扱うべき事項である。施設や法人によっては、「労働争議」、「人材流出」や「情報漏洩」が発生することもあるだろう。対処方法の標準化が必要であり、また、多く部門の職員に共通する問題であると認識されれば、対処要領としてのＢＣＰを作成しておくことが必要かもしれない。

リスク共有の重要性

リスクを共有することのメリットは次の３点である。

（1）リスクを共有することで、災害の際に、それぞれの担当が計画どおりリスクに対処できるようになる。

（2）多くの関係者が、想定したリスクに漏れや修正事項がないか確認できる。

（3）リスクの共有により意識が向上する。リスク共有により、万が一緊急事態が発生した場合に、経営層はどう行動するか、そして職員にはどう行動してほしいか共通の認識を持っていれば迅速な対応が可能になる。

たとえば、休日、夜間の就業外に大災害が発生したとする。リーダーが職員を集めて、点呼を取り1～10まで細部の対応措置を指示していたら、助かる命も助からなくなる。

災害発生時にはリーダーによる「災害対処行動開始」の号令のもとBCP活動が発動される場合と、号令なしに「災害発生」の認識のあと、それぞれの持ち場に急行し、「初動対応」として、災害発生初期に実施すべき担当業務を淡々と実施する場合がある。初動対処後はリーダーの指示を仰ぐ、または、近隣の同僚のサポートにまわる。一刻たりとも無駄な動きがないという状態が災害対処の理想形であろう。リスク共有および担当業務の周知は、初動対応の成否に大きく影響する。

第4節

リスク対応の限界

すべてのリスクに満遍なく均等に対応することは不可能である。非常時における物品調達の事例などを参考に、限られた経営資源に優先順位を付与し、どのように対応すべきか明らかにする。

限られる経営資源

ＢＣＰにおけるリスク対応でも、すべてのリスクに満遍なく均等に対応することはできない。リスク分析により事業継続に及ぼす影響のうち許容範囲の時間および許容範囲の業務レベルの維持を目指し、優先順位をつけて対処しなければならない。また、リスク対応に投入すべき経営資源も無尽蔵に存在する訳でもないので、優先順位やある一定の判断基準に基づいて決定されるものであろう。ＢＣＰ策定上の経営資源とは「ヒト、モノ、カネ」であり、昨今ではそれに次ぐ経営資源として会社の持つ「技術力」や「情報」を加えることがある。このなかでも、一番重要なのは「ヒト」であることに疑いの余地はないであろう。災害が発生し、ＢＣＰを発動して対処を開始する際の職員の人数は、被害の軽減と復旧時間の短縮化に大きく貢献するのである。そのため、災害の発生時期が平日昼間の就業時間帯と休日夜間の就業外の時間帯では、職員の在籍人数が大きく異なるため対応の成否も異なってくる。そのような場合、組織としては職員の応急参集、非常呼集という対応策が重要になる。

非常時における物品調達

非常時における「モノ」も重要な資源であることは周知のとおりである。災害対策用に非常電源や通信機の装備は一般的であるが、たとえば施設倒壊時には屋外には対策本部を設置するための資材や災害用のリヤカー、自転車なども必要になる可能性がある。理想とすべきすべての災害用備品を揃えるのは、費用対効果や財務状況を勘案した経営判断になろう。

東日本大震災の際、東京の本社から福島県いわき市の工場に応援チーム約20名を送り込むことになったケースがあった。現地からは、「現地での支援は一切できないので自己完結できる態勢で支援してほしい」との要望があり、食料や日用品はなんとか調達できたが、寝具がなかなか入手できなかったそうだ。日頃から懇意にしている業者も、この大惨事にいろいろな商品が調達できない状態であった。しかし、かつて取引のあった商店に寝具の購入を依頼すると「現金のみ対応可能」という返事であった。燃料やその他の復旧機材も現金のみ対応可能という業者が多く、「大災害発生時の教訓として、ある程度の現金の準備の重要性」を痛感させられる事例である。

優先順位の付与

リスクの分析や評価を行い、「どのようなリスクが顕在化するのか」を見積ったとしても、すべてのリスクに対してBCPを策定する必要はない。組織の経営資源は有限であるし、また、あまり頻度の少ないリスクの対応要領を定めても労力の無駄になってしまう。BCP策定においても、BCP発動後の災害対処を行う時にも、優先順位を付与することを習慣づけることを推奨する。

複合災害への対応

「マルチハザードBCP」、すなわち複合災害に対応するためのBCPについて解説する。今まさに、複合災害への対応が現実味を帯びている。現在の新型コロナウイルス感染症対策を行いながら、集中豪雨や台風に備える、または、突然発生する地震に備える必要が生じた場合を想定してほしい。各行政機関では、通常の集中豪雨や地震避難の要領に加え、新型コロナウイルス感染予防策として、仕切り版や段ボールベッド、避難所内の使用区分けや感染者と健常者の動線の区分化、ホテルや旅館などの建築強度の高い施設への避難などが準備されたようである。新型コロナウイルス感染のパンデミック中だからと言って、避難行動などには変化はなく、避難所において感染症対策が必要となるだけである。また、福祉避難所を開設する場合にも、同様な準備が求められるのであろう。

優先順位で考えると、最優先事項は「避難する」、2番は「避難所で感染拡大を防止する」となる。感染症に罹患している人であっても、災害が発生した際には避難しなければならない。「感染症が発症したから避難しない」という選択肢はない。ここではBCP策定のプロセスや考え方を進めるうえで、すべてに均等に対処するのではなく、優先順位をつけるという習慣を身につけることの重要性を理解してもらいたい。

第5節

想定シナリオの作成

リスクに基づく災害発生時の想定シナリオ作成について解説する。想定シナリオ作成において、前提として職員全員が共通したリスクのイメージを持つ必要がある。内閣府中央防災会議や厚生労働省が作成した想定に基づき、地震（津波）対応シナリオ、風水害対応シナリオ、感染症対応シナリオの具体例を見てみよう。

職員全員の共通イメージ作成

前節までで「リスクの分析と評価」、「リスク共有の重要性」、「リスク対応の限界」などをまとめたが、それらのリスクに基づく災害発生時の想定シナリオ作成のイメージについて解説する。リスクの洗い出し、分析・評価の次に、そのリスクが発生した場合、世の中がどのようになるのか、自分の組織がどのような影響を受けるのか見積る必要が生じる。それが、想定シナリオのイメージである。地理的環境、建物などインフラの構造、組織の人員構成、運営状況などにより異なるが、幸い官公庁や自治体では地震・風水害被害想定やハザードマップが作成されており、これらのデータを活用できる。

想定シナリオの作成においては、前提として職員全員が共通したリスクのイメージを持つ必要がある。たとえば、停電が発生し広範な地域で電話が不通となるような大災害が夜間に発生した場合、介護施設の対応がどれほど大変な状況か、災害に対する想像力を働かせる必要がある。電気もガスも電話も暖房も遮断されたなかで、昼間や就業中と比較し、きわめて少ない人員構成で対処していることを考えればすぐに駆けつける方法はないか検討するはずである。組織としては、日頃からそのような大規模災害発生時の対処方針を徹底し、また、訓練も実施していなければ、対応できないこともありうるかもしれない。災害発生時には「初動全力」という言葉がある。多少無理をしても、災害発生初期にしっかり対処しておけば、被害が軽減し、事業も継続でき、さらに復旧時間も早まると言われている。多少、肉体的、精神的に厳しい環境に置かれていても、初動でしっかり体制をつくれば、結果は大きく違ってくるのである。

シナリオ作成のイメージ

気象庁は「震度と揺れ等の状況」というリーフレットを発行している。「震度5弱」では「大半の人が、恐怖を覚え、物につかまりたいと感じる」、「震度6強」では、「はわないと動くことができない、耐震性の低い木造建物は傾くものや、倒れるものが多くなる」という記述がある。状況判断の参考になり、イメージの共有化に役立つ情報である。BCPや細部のマニュアルに記載すればイメージの共有化に役立てることができよう。「地震」や「津波」といっても人それぞれに持っているイメージは異なるので、BCP策定時や教育・訓練時にイメージの共有化を図る必要がある。

既出のCREDによると、1900年から2019年の間の日本における自然災害の被災者の総数は2250万人に上り、もっとも多いのが洪水などの災害の913万人(41%)、次いで台風などの防風被害の862万人(38%)。損害額の総額は約56兆円で、もっとも多いのは地震などの災害の約41兆円(73%)である。BCPの対象とすべきリスクとしては、対応に暇がなく、甚大な被害を及ぼす「地震災害」、そしてほぼ毎年どこかで被害が発生している「集中豪雨」や「台風などによる風水害」、そして2020年に世界中で広がり、大きな被害をもたらしている「感染症パンデミック」を基本に策定すべきであろう。シナリオ作成のイメージについて述べてきたが、具体的に地震、風水害、パンデミックの3つのインシデントについて公的機関などから示されている内容を参考として、対応する想定シナリオをみてみよう。

地震対応シナリオ

地震対応シナリオは、中央防災会議が2013年に作成した「首都直下地震対策検討ワーキンググループ最終報告」に基づき、便宜的に以下のとおりとする。なお、都心東部直下地震の震度分布図は図表4-3のとおりである。

(1) 対象とする地震

首都直下のM7クラスの地震および相模トラフ沿いのM8クラスの地震

(2) 被害想定(人的・物的被害)の概要

①全壊家屋:17万5000棟、死者:1万1000人、要救助者:7万2000人

②焼失家屋:41万2000棟、死者:1万6000人

(3) インフラ被害

図表 4-3　都心東部直下地震が起こったときの震度分布図

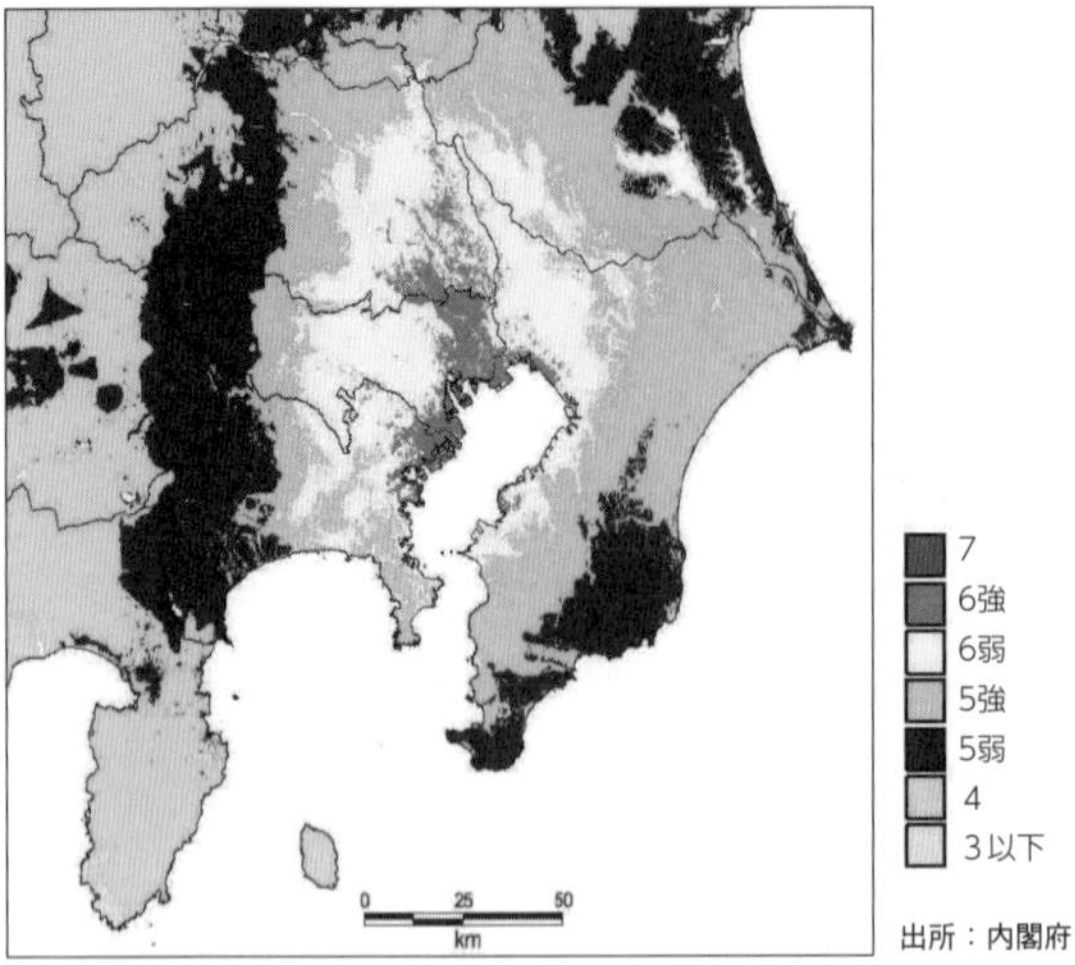

出所：内閣府

①電力：都区部の5割停電、供給能力5割という状況が1週間以上継続
②通信（固定・携帯電話）：輻輳のため9割不通が1日以上継続、メールは遅配
③上下水道：都区部で5割断水、1割の下水道が使用不可
④交通：地下鉄は1週間、私鉄・在来線は1カ月不通。主要道路は3日不通、橋梁の倒壊多数、主要路線はしばらく緊急交通路として使用
⑤空港・港湾：1～3カ月使用不可

（4）経済被害見積り

①物損壊の被害額：約47兆円
②生産・サービス被害：約48兆円

風水害対応シナリオ

風水害対応シナリオは、関東地方に上陸した台風では観測史上最強の「令和元年房総半島台風（19号）」被害に基づき、便宜的に以下のとおりとする。

（1）対象とする台風

「令和元年房総半島台風」中心気圧955ヘクトパスカル、最大風速45ｍ、平均速度時速31・5㎞、上陸地点：伊豆半島南部

（2）被害想定（人的・物的被害）の概要

①人的被害：死者99名、重症者40名、軽症者444名

②建物被害：全壊3081棟、半壊24万9900棟、一部損壊2万2628棟、床上浸水1万2817棟、床下浸水2万4472棟、非家屋被害8643棟

（3）インフラ被害

①電力：52万1540戸停電（完全復旧は3週間後）

②水道：16万7986戸断水（完全復旧は3週間後）

③通信：広範囲の停電を主要因として通信障害多数発生。防災行政無線も一部不通

（固定電話・3大キャリアの回線の完全復旧は1週間後）

④交通：私鉄・在来線は台風接近による運転見合わせ、計画運休、線路、電線被害により1日〜数週間運休が発生

⑤主要道路：倒木、土砂崩れ、電柱倒壊のため通行止めが多数発生

⑥空港・港湾：空港・港湾施設の被害多数、鉄道・主要道路寸断のため空港にアクセスできず、使用困難

（4）経済被害見積り

505億円

感染症対応シナリオ

感染症対応シナリオは、厚労省作成「新型インフルエンザにおける被害想定について」での想定に基づき、科学的知見や過去の新型インフルエンザを参考に被害想定を策定している（図表4-4）。2020年には新型コロナウイルスの感染が拡大し、社会経済や医療体制に大きな被害を与えたが、厚労省作成被害想定のほうが被害内容が厳しいため本想定を採用した。よりシビアな想定の作成を推奨し、その対応策を案出してもらうと

いう意図である。

また、非常事態条項が定められていない日本では、法律上個人の自由を強制的に抑制する他国のような「ロックダウン」はすぐには難しい。ただ、感染状況があまりに過酷で、強制力はなくても「ロックダウン」に近い状況が発生した場合には、事業継続に及ぼす影響が大きい。そのため、ロックダウンのような厳しい行動制限が課せられた場合の対応についても考慮しておくべきであろう。とくに要員の

図表4-4　日本の現行の新型インフルエンザの被害想定(新型インフルエンザなど対策政府行動計画)

科学的知見や過去に世界で大流行したインフルエンザのデータを参考に、ひとつの例として想定した。

	被害想定		2009年パンデミック(日本)(※6)
罹患者	全人口の最大25%(約3,200万人)(※1) 流行期間(約8週間)にピークをつくり順次罹患		約2,000万人
医療機関受診者	約1,300万人−約2,500万人(※2)		約2,000万人 (ただし季節性インフルエンザ患者を含む)
致命率(人口100人対)	0.53%(中等度)(※3)	2.0%(重度)(※4)	0.00016(人口100人対) 0.16(人口10万対)
入院患者	約53万人(中等度)(※3) 最大入院患者:10.1万人/日	約200万人(重度)(※4) 最大入院患者:39.9万人/日	約1.8万人
死亡者	約17万人(中等度)(※3)	約64万人(重度)(※4)	203人
欠勤	従業員の最大5%程度(ピーク時約2週間(※5)) ※ピーク時に家族の世話や看護などのため出勤が困難となる者は、従業員の最大40%程度		

参考:
※1 The 7th European meeting of Influenza and its Prevention, 1993
※2 米国CDC モデル Flu Aid 2.0
※3 米国CDC モデル Flu Aid 2.0、アジアインフルエンザ(1957-58)並の疫学的に中等度のシナリオを想定
※4 米国CDC モデル Flu Aid 2.0、スペインインフルエンザ(1918-19)並の疫学的に重度のシナリオを想定
※5 米国・カナダの行動計画においてピークは2週間としていることを参考とした
※6 感染症発生動向調査、厚生労働省

出所:厚生労働省

参集には制約が掛かり、交代要員の確保などに支障をきたす恐れが出てくる。

なお、図表4－4右欄は、2009年のインフルエンザパンデミックにおける日本での罹患者数など、各数値を参考表記したものである。

（1）罹患者数
全人口の最大25％（約3200万人）、流行期間（約8週間）にピークをつくり順次罹患

（2）医療機関受診者
約1300万人—約2500万人（米国CDCモデル使用）

（3）致命率（人口100人対）
中等度：0・53％、重度：2・0％

（4）入院患者
中等度：約53万人、重度：約200万人

（5）死亡者
中程度：約17万人、重度：約64万人

第5章

事業継続のための戦略と計画

第1節 事業継続戦略と対策

介護事業における事業継続戦略として「回復戦略」と「代替戦略」があり、各事業主体の特性、インシデントの影響を受けた施設や業務の特性に応じて決定される。それぞれの戦略の対応や制約および留意事項などを解説する。

事業継続戦略とは

インシデントが及ぼす事業への影響度が分析されたならば、ＢＣＰを具体化するための事業継続戦略と対策が検討されることになる。一般的に、戦略には定型というものがない。このため、その内容や検討の要領もその対象によって千差万別なものになる。しかし、第3章で触れたように、ＢＣＰの内容は検討された戦略や対策の内容に基づいて規定されるのだから、事業継続戦略や対策はＢＣＰの構成に留意して実施される必要がある。いくら戦略や対策が細部にわたって検討されたとしても、処置内容を具体化する段階で漏れが生じたり、内容の齟齬をきたしてしまったりすれば意味がない。事業継続戦略や対策とBCPとの一体性の確保には十分な留意が必要だ。

介護事業における事業継続戦略

介護事業における事業継続戦略には、大きく分けてふたつの戦略が考えられる。ひとつは平素の段階で運営している施設や組織に生じた影響を排除することによって、各業務を元の状態へ復帰させることを目指す「回復戦略」であり、もうひとつは、インシデントの影響によって中断していた施設や組織の業務を行うことができるように、別の施設を獲得することを目指す「代替戦略」だ。これらふたつの戦略の具体的な内容は後述するが、互いに相反するものではなく、各事業主体の特性やインシデントの影響を受けた施設や業務の特性に応じて組み合わされるべきものだ。復旧には多くの時間と資源が必要とされる場合が多いことが予想されるが、これらをもっとも効率的かつ効果的に使用するためには、ふたつの戦略を密接に連携させ、復旧努力のバランスを図ることがきわめて重要である。

回復戦略

回復戦略でも代替戦略でも、対策を検討するためにはインシデントによってどこにどの程度の被害を受けているかという被害状況の確認が前提となる。とくに、回復戦略では、被害を受けた施設や業務に対して直接対策を講じることになるため、被害の内容だけではなくその程度が重要になる。そして、施設に被害が発生した場合、それが機能的な被害なのか物理的な被害なのかによって、処置するべき対策が大きく異なることがある。

一例として、給食などを行うための調理施設を想定する。調理を行うためには、電気、ガス、水道といったライフラインから得られる資源と、衛生的に維持するためにその他の施設とは区分されたある程度の広さを持つ調理スペース、食材を適切に管理し、効率的に調理するための冷蔵庫やガスレンジ、電子レンジといった調理器具に代表される備品などが必要だろう。食材を長期保存するためには、倉庫のような施設も必要になるかもしれない。

ライフライン遮断時の回復戦略

インシデントによって発生すると予想される被害は、その内容も被害の程度もさまざまだろう。ライフラインが止まってしまった場合、回復戦略ではそれを確保するための対策が必要になる。発電機によって必要な電力を確保したり、給水支援があればタンクなどに水を確保したりすることが必要になる。ガスの種類にもよるが、ＬＰＧであれば予備のボンベに切り替えたり、カセットコンロを使用したりすることも想定しなくてはならない。

施設に被害が発生すれば、調理ができるのかとか、衛生管理面で必要とされる基準が確保できるのか、ということが状況把握の視点になるだろう。ある程度の被害であれば、応急的な調理場をつくり、簡単な仕切りなどで衛生面での配慮もできるだろうが、状況によって、ある程度は衛生管理を諦めざるを得ないかもしれない。被害が甚大でまったく使用できなくなれば、回復戦略そのものを代替戦略に転換することも考えなければならない。備品が使用できなくなることを想定すれば、その機能を補うための予備の備品を準備したり、同様の内容が担保できる別の手段を用いたりすることが必要になる。

回復戦略における対応

このように、回復戦略における対策の検討に際しては、被害が発生した部分とその程度とを合わせて把握し、「事業影響度分析」において明らかにした「許容限界時間」や「許容限界レベル」に基づいてそれを評価し、「目標復旧時間」や「目標復旧レベル」を決定しなければならない。つまり、把握した被害状況が「許容限界時間」や「許容限界レベル」に対してどの程度なのかを判断し、復旧に活用できる資源をどこにどの程度充当して、いつまでにどのレベルまで回復させるのかを決定することになるのだ。

インシデントが発生した時点ですでに「許容限界レベル」を下回るような被害が発生していれば、速やかに回復させるための処置を講じなければならないが、「許容限界レベル」よりも上のレベルが維持されていることもあり得る。このとき、どのように判断するだろうか。幸運にも被害が小さくて、提供できる業務が必要なレベルを維持していたら、それを維持しようとするかもしれないが、回復戦略ではそのようには考えない。全体の被害状況を見たうえで、あえて「許容限界レベル」まで下げるという判断もあり得るからだ。

回復戦略における制約

回復戦略において、被害を受けた施設や機能の復旧に充当できる資源、すなわち、人材、物資、お金、時間などには当然限界がある。資源が潤沢にあれば、戦略などを考えるまでもなく、すべてを同時に復旧できるようにこれらを使えばいいのだが、現実にはそうはいかない。インシデントの種類によっては、準備していた資源に被害が発生して使用できない状況になっていることも考えられる。限りある復旧のための資源をもっとも効率的かつ効果的に使用するためには、ある業務の提供レベルをわざと「許容限界レベル」まで下げ、それによって出た余剰を重要業務や被害が甚大な業務に向けるということも考えなければならない。回復戦略では、このようなことも想定して、重要業務を中心とする各業務相互の関連性を把握し、「許容限界時間」と「許容限界レベル」を明確にしたうえで、「目標復旧時間」や「目標復旧レベル」を定めることが必要になる。

このように回復戦略は、被害を受けた施設や機能そのものの回復のために対策を講じることから、検討の幅に制限が加えられてしまうという根本的な特性を持っている。しかしその一方で、インシデントによる被害が比較的小さい場合には、より早期に事業を復旧できる可能性が高いという利点もある。何より、回復戦略を前提とした場合、既存の施設に対して事前の対策を講じることがより容易になり、平素の段階からインシデントの発生後、ＢＣＰに基づいて行われる復旧まで、対策の一貫性を保ちやすくなるという利点がある。回復戦略を検討する場合には、このような特性をよく理解したうえで、具体的な対策を案出することがもっとも重要だ。

代替戦略

代替戦略は、回復戦略とはまったく別の考え方に基づき、被害を受けた既存の施設と同等の別の施設を使用するということを基本とする。この特性のため、この戦略における最初の判断は、大きくふたつに分けられることになる。

ひとつは、インシデントによって発生した被害が、代替戦略を必要とするほど大きいのかどうかという判断だ。回復戦略で対応できるような状況であれば、代替戦略を用いる必要がないからだ。被害が甚大で既存の施設を復旧するためには、長い時間と多くの資源を投入しなければならないような状況では、事業を継続するために代わりの施設を使用するという判断が適切である可能性がある。

ふたつ目は、インシデントによる被害が回復戦略の想定を超えていて、代替戦略を選択しなければならないような状況になった場合、既存の施設をどのように扱うのかという判断だ。代替戦略で、完全に別の施設に移動して事業を継続するような場合は、基本的には既存の施設を必要としない。しかし、既存の施設や機能の一部のみを別の施設で代替するような場合は、既存の施設に対してどのような対策を講じるのかを考え、代替施設での事業継続と既存の施設の回復とのバランスを図らなければならなくなる。したがって、代替戦略における被害状況の把握は、このふたつの判断につながるように行われなければならない。

対策を具体的に検討するために被害状況を前提にするのは、回復戦略と同じだ。しかし、すでに説明したとおりこの戦略では、既存の施設に生じた被害の確認と、代替施設に発生した被害がＢＣＰの発動を阻害しないかという、ふたつの状況確認が必要になる。つまり、既存の施設の状況は、代替戦略ではなく回復戦略で対応が可能かどうかという視点で確認され、代替施設の状況は、施設を移動した場合に計画どおりに使用できる状態が維持できているかという視点で確認されることになる。この段階で、既存の施設の被害が比較的小さく、回復戦略のほうが有利だと判断されれば代替戦略は選択されないし、代替施設が被害を受けてしまい、移動しても事業を継続するうえでは有利ではないと判断されれば、代替戦略を選択することはできない。

代替戦略移行時の留意事項

既存施設の被害が甚大で、代替施設の被害が比較的小さい場合は、代替戦略を選択して施設を移すことになる。このとき、努めて許容し得る時間内に新たな施設へ移動して業務を再開し、再開したときに許容限界以上の業務レベルが維持されるように、対策を講じる必要があるが、この対策は回復戦略で検討したものとほぼ同じ内容になる。代替施設における被害状況を、「許容限界時間」や「許容限界レベル」に基づいて評価し、代替施設の復旧に充当できる資源の配分を考え、いつまでにどのレベルまで回復させるのかを決定することになる。

代替戦略では、代替施設の運用と並行して被災した既存施設の復旧も行われる場合があるが、その際はこれまでとは少し異なる考え方に基づいて対策が検討される。既存施設の使用が事業継続戦略に組み込まれていない場合、その復旧はまったく必要とされないが、当面は既存施設の一部を活用しようとする場合は、それが代替施設との関連でどのように必要とされるのかによって、対策の講じ方が異なってくる。代替施設では賄うことができないものについて、既存施設の使用が代替戦略に組み込まれているのであれば、代替施設と一体のものとして対策が検討されることになる。しかしそうではなく、代替戦略のなかでは代替施設を運用し、最終的には既存の施設に戻って事業を続けようとする場合には、まったく別の復旧対策が講じられなければならない。回復戦略でも触れたが、ほとんどの場合、復旧に充当できる資源には限りがある。当然、代替施設を中心として事業の継続を図っている段階では、これに資源が集中運用されることになる。したがって、既存施設の復旧はかなり優先度が下がることになる。

代替戦略の形態

いずれにしても、代替戦略にはさまざまな形態が考えられ、回復戦略に比較して大きな柔軟性があることがわかる。このメリットは、代替施設が多くの機能を持つほど大きくなることは明らかだろう。事業継続の確実性という観点では、いかなるインシデントが発生した場合でも、回復戦略よりも代替戦略のほうが有利だということができる。

しかしその一方で、代替戦略には平素の段階から多くのコストを必要とするというデメリットもある。既存の施設と同等の能力を平素から維持するためには、単純に考えて2倍のコストを必要とするだろう。これを抑えるためには、平素は中心となる重要業務だけを準備しておいて、インシデント発生時に拡張できるような体制を構築しておくことも一案だろう。しかし、それでも相当のコストを必要とすることは間違いない。代替戦略については、平素の事業の採算性などを考慮することが不可欠だといえるだろう。

本節の冒頭で、回復戦略と代替戦略が二者択一のものではないことを説明した。これまで説明してきたように、ふたつの戦略には、それぞれメリット・デメリットがあり、これらを十分に理解したうえで、各事業主体の特性やインシデントの影響を受けた施設や業務の特性に応じて組み合わせることが必要だ。復旧に必要とされる多くの時間と資源をもっとも効率的かつ効果的に使用して復旧努力のバランスを追求するためには、ふたつの戦略を密接に連携させることがきわめて重要である。

第2節

初動対応計画の策定

ＢＣＰが発動されるまでに、インシデントによって発生した被害に迅速に対応するための計画を初動対応計画といい、経営レベルの指示による発動や自動的に発動されるものである。初動対応体制には平素の段階から移行することを念頭において検討する必要がある。そのためＢＣＰ発動までの流れや初動対応発動に必要な資源をあらかじめ準備することが望ましいので具体的要領などをみてみよう。

計画体系

何らかのインシデントによって中断した事業を、望ましい状態で継続させるためには、それを可能にするように適切に策定された計画が必要だ。本章では、この節以降で事業継続のために必要とされるいくつかの計画の策定要領を説明する。

少し余談になるが、何らかの目的を達成するために複数の目標を設定したり、ひとつの目標に向かって段階的に目標を設定したりすることがあるだろう。このとき、それぞれの目標を達成するための計画を作成するようなことも当然あると思われるが、そのような個々の計画の位置づけや相互関係を説明するものとして、計画体系という考え方がある。

計画体系は目的に対して、どの計画がどのような位置づけにあって、相互にどのような関係を持っていて、どのような役割を果たしているのか、というようなことを明らかにするためにあるものだともいえる。本書では、「事業を継続させる」という目的を達成するためにBCPを策定しようとしているが、それだけでは不十分になる可能性がある。このため、BCPの他にいくつかの計画を策定する必要が生じる。これらは、BCPそのものとは別に定められる計画なので、厳密に言えばBCPではないが、「事業を継続させる」ための計画体系の一部であり、広い意味でBCPであるともいえるだろう。ここではそのひとつである「初動対応計画」の内容について説明する。

初動対応計画

BCPは、インシデントが発生して事業が中断するような事態が発生した場合に、事業を継続するために発動するものである。そして、それは経営レベルの戦略的活動である、ＢＣＭの中核的なものであることを繰り返し説明してきた。したがって、ＢＣＰの発動は、経営レベルの状況判断に基づいてなされるべきものだということになる。ある特定の状況が発生することを条件に、自動的に発動されるようにすることもできるとは思うが、インシデントによる被害の状況は、予測はするものの実際に起こることは誰にもわからない。少なくとも、何が起こっているのかという状況を確認しなければ、どのような対策から着手するべきかといった判断もできないだろう。つまり、インシデントの発生からＢＣＰの発動までにはある程度の時間の差が生じることになる。

しかし、その一方でインシデントによって発生した被害には、迅速に対応しなければならないものが少なからず含まれると考えられる。たとえば、施設に大きな損傷が生じるような大規模の地震が発生したような場合には、最初に被介護者や職員の安全を確保するための行動が必要になる。倒壊した建築物によって負傷したり、閉じ込められたりするようなことが発生すれば、救助や救命のための活動が優先的に行われることになる。つまり、ＢＣＰが発動されるまでの間に、実施しなければならない対策などについてあらかじめ計画しておくことが必要になる。

平素の対応からＢＣＰ発動へ

　ここでは、それを「初動対応計画」と呼ぶ。この計画を策定する大きな目的は、インシデント発生直後の状況にほぼ自動的に対応するとともに、平素の態勢からＢＣＰを適切に発動し、事業を継続するための態勢にスムーズに移行することにある。つまり、「初動対応計画」は、インシデント発生直後からの「初動対応」段階における対応要領を計画したものであり、そのあとに続く「応急復旧」段階と「本格復旧」段階における対応計画であるＢＣＰに連接するものである。

「初動対応計画」を具体的に策定するためには、初動対応でどのようなことをしようとしているのかを明確にしたうえで、初動対応の体制を定め、ＢＣＰ発動までの大きな流れを踏まえて、初動対応段階における処置事項を具体化するとともに、この計画に必要な資源の準備や通信の確保要領などを定めることが必要になる。ここでは、その内容について簡単に説明する。

　計画の策定に際して、まず、初動対応の段階で何を目指しているのかを明らかにしなければならない。これによって、計画の内容を具体的に検討するための方向が示されるとともに、全体の計画体系のなかで、この計画が占める地位や役割を明確にするという効果が得られる。なんのために、いつまでに、あるいはどのような状況になるまでに、どのようなことを行うのか、その際に重視したり注意したりしなければならないことは何か、というようなことを検討する必要がある。また、一貫性をもって計画策定を進めるためには、これらの内容を簡単な文章で表現しておくことが望ましい。

初動対応の体制

初動対応の体制は、「初動対応」段階で必要とされる処置事項を行うことができるようにつくる必要がある。インシデントが発生すれば、被害状況を確認し、被害を受けている被介護者や社員を救助し、必要に応じて救急救命処置を行い、BCP発動を判断する組織や個人に連絡をとり、BCP発動までに必要な準備を行うなど、この段階で行わなければならないことは広範多岐にわたる。このため、初動対応の責任者や本部機能を明確にして、その指揮のもとに、これらの業務に対応できるような組織を編成しておくことが求められる。

このとき、初動対応体制には平素の段階から移行するということを念頭において検討することが必要だ。多くの業務をもっとも適切に行おうとすれば、それぞれの業務を担当する組織は大きくなりがちだ。多くの人材や資源を充当すれば、各業務を滞りなく行って初動対応の目的をより容易に達成できるだろう。しかし、初動対応は平素の段階から移行しなければならないという本質的な特性と、スムーズにＢＣＰを発動するまでの対策が中心であるという役割を持っている。このため、あまり大きな組織にしてしまうと、初動対応体制に移行するまでに時間がかかり、救助や救命が遅れてしまったり、ＢＣＰを発動するときに必要な人材や資源に制約を加えてしまったりするという、弊害の可能性が生じてしまう。ＢＣＰによって事業を継続させるという、本来の目的を阻害してしまう可能性があることになる。このため、初動対応体制を検討する際には、必要な機能を漏れなく含みながら、規模的には必要最小限にとどめるということに注意が必要だ。

また、初動対応体制には、使用する施設の準備も必要だ。そのために専用の施設を充当する必要はまったくないが、少なくとも既存のどの施設を使用するのかをあらかじめ定めておき、情報収集や連絡のための通信設備や、必要最小限の物資が準備されていることなどが必要となる。もちろん、コストなどの面で余裕があれば、専用施設を準備することがもっとも有利であることは明らかだが、どちらの場合でも、その施設にも被害が発生することを予想して、予備の手段の確保などに留意することも忘れないでいただきたい。

ＢＣＰ発動までの流れの確認

「初動対応」段階では、ＢＣＰ発動までの大きな流れを確認しておくことが必要だ。このため、インシデントが発生してから、初動対応体制が立ち上がり、状況を確認しつつ優先度を定めた処置を時系列にしたがって行い、ＢＣＰ発動後に体制をどのようにしていくのかといった内容を具体的に検討しておくことが求められる。初動対応体制を立ち上げる条件は何か、最初にどのように状況を確認するのか、予想される処置事項を網羅したうえで優先度が高いものはどれか、必要な連絡先やその順番は決まっているか、ＢＣＰ発動の体制にどのように組み込まれていくのか、といった視点で状況の推移を予想すれば、比較的容易に流れを確認できるだろう。そして、大きな流れのなかには、体制立ち上げ条件のチェックやＢＣＰ発動に関連する連絡の時期などの重要な結節があるが、具体的な処置事項を検討するためにはこれらを明らかにしておくことが欠かせない。

具体的な処置事項は、この結節を焦点として、内容と担当を組み合わせることで具体化する。体制立ち上げ条件については、誰が、あるいはどの部署が、いつまでに、あるいはどのような状況が発生したら立ち上げの判断をするのか。情報収集は、どの部署がどのような手段で行い、いつまでに最初の報告を上げるのか。救助・救命の担当はどこで、どの手順でチェックし、どれを優先に開始するのか。BCP発動を判断する部署との連絡は、誰が担当し、いつまでにその結果が得られるのか。BCPが発動されたら、行っている処置事項は継続するのか、継続するとすればいつごろまでを予定するのか。

ここに挙げた内容は、あくまでも一例なので、各事業者の特性やBCMの基本方針、予想される状況などに応じて検討すればよいだろう。いずれにしても、初動対応は時間が限られているなかで、必要最小限の人材や資源によって行われなければならない。体制に参加している方々が迷うことが少なくなるように検討することが重要だ。

初動対応に必要な資源

初動対応に必要な資源は、あらかじめ必要な場所に準備しておくことがもっとも望ましい。専用施設があれば、そのなかに集積したり保管したりしておくことができると思うが、既存の施設を使用する場合は、平素の業務の妨げにならない範囲で準備しなければばならず、保管できる物資にも制約が生じるかもしれない。保管場所を別に準備するような場合でも、努めて近くに設定するような配慮はどうしても必要だ。通信関連の設備も、改めて展開する必要がないように、平素の設備を活用できるような処置を施すことが求められる。平素の業務に必要な通信に関するセキュリティが確保できるのであれば、平素から初動対応用の通信設備を使用することも有効かもしれない。

これまで説明してきたように、初動対応には幅広い業務が含まれているが、すべてに共通することは、インシデントによる被害に対して処置するための時間がきわめて限られていることだ。判断に迷い、時間がかかってしまうと、失われてしまうものが多くなってしまう可能性が高い。したがって、「初動対応計画」の策定にあたっては、時間をかけずに判断し、行動できるようにすることを常に意識することがきわめて重要になる。

第3節

事業継続計画の策定

ＢＣＭの全体構成のなかでもっとも重要な段階が「事業継続計画の策定」である。ＢＣＰを実行するための体制、ＢＣＰ発動のための資源の確保などについて検討する。また、ＢＣＰが発動され復旧の段階に入った場合、目標復旧時間を許容時間内に設定することの重要性を解説する。

計画体系の中心に位置するＢＣＰ

ＢＣＰも計画体系のなかのひとつだから、前節で説明したようにそのなかにおける位置づけや役割を明確に認識しておく必要がある。これまで説明してきてすでにおわかりだとは思うが、ＢＣＰが今回策定する計画体系の中心に位置する。したがって、前節で策定した「初動対応計画」をはじめとする、計画体系のなかに含まれるいくつかの計画は、ＢＣＰを念頭に置きながら策定されなければならない。

逆に考えれば、ＢＣＰを策定するときには、体系に含まれるその他の計画の策定も意識しなければならないということになる。なぜなら、ＢＣＭ全体のなかで行われるすべての処置は、限られた人材、時間、資源を使用することが前提となるからだ。ＢＣＰがもっとも重要な計画だから、これにほとんどを充当して残りをその他の計画に充てるというように策定すると、ＢＣＭ全体が効率的に行われない可能性がある。目的は、インシデントの発生に際して「事業を継続する」ことであって、ＢＣＰを策定することではない。もっとも効率的に目的を達成するためには、計画体系全体のなかでバランスを図ることが重要になる。

とは言っても、適切な計画を策定しておくことが事業継続の第一歩でもあるので、ＢＣＰが重要な計画であることには変わりない。何らかのインシデントが発生することによって中断した、あるいは中断しようとしている事業を継続させるには、大きくふたつのことをあらかじめ定めておく必要がある。ひとつはＢＣＰを実行するための体制であり、もうひとつは事業を継続するために実際に行われる対策だ。ここでは、このふたつのことについて説明する。

ＢＣＰを実行するための体制

インシデントが発生した際に、事業を継続するための体制はどのように構築すればいいのだろうか。非常事態の体制を構築するには大きく分けてふたつの考え方がある。ひとつは、平素の体制を基準としてＢＣＰの体制を検討する考え方であり、もうひとつは、事業継続に必要なユニットを明らかにしてこれを積み上げていく考え方だ。これらは、実際に体制を構築する際にどちらかを選ぶといったものではなく、つくり上げたい体制に応じて組み合わせていくべきものである。

平素の体制のまま事業が継続できれば、これがもっとも望ましいことは間違いない。平素の体制は、事業をスムーズに進められるように最適設計されているはずである。したがって、この考え方では、平素の体制を基準として、事業継続のために必要な修正を行うことになる。インシデントが発生し、被害状況が明らかになれば、どのような対策を講じなければならないかが明らかになる。それによって、平素の体制そのままでいいのか、あるいはいずれかの部署を強化しなければならないのかを判断しなければならない。後者の場合、当然、別の部署から人材や資源を割くことになるので、それを拠出できる部署もある程度選んでおくことが必要になる。

このとき、留意しなければならない点がふたつある。ひとつは、インシデントの種類や被害状況によって、重視しなければならない部署が異なってくることである。どのような状況で事業が中断した場合でも、常に平素の体制のなかで同じ部署が重点になる場合を除き、強化対象を選定しなければならない。それ以外の部署は、人材や資源を削減されるのだから、全体的なバランスを考慮しなければならない。BCPによってどのように事業を継続しようとしているのかが基本となり、インシデントによる被害状況を踏まえて体制の重点が定まることになる。

もうひとつは、インシデントの発生によって、体制の一部に損害が発生している場合だ。不幸にして人的損害が発生してしまえば、その部署が担っていた役割を十分に果たすことができなくなる可能性がある。このため、その部署に人材や資源を充当する必要性について、判断することが求められる。BCPを実行していくなかで、その部署が担っている役割がどの程度必要とされるか、という判断でもある。強化しなければならない部署への補強と同じように、損害を受けた部署への配分もまた、全体的なバランスを考慮することが必要だ。

ＢＣＰに必要なユニットの積み上げ

ＢＣＰに必要なユニットを積み上げる方法は、体制構築のもうひとつの考え方である。この方法では、事業継続における重要業務とその他の業務との関連性が大きな意味を持つ。まず、重要業務を継続するためにどの程度の人材と資源を必要とするのかを考え、ユニットとして設定する。次にその他の業務についても同じように考えて、ユニットを設定する。これらをすべて総合すれば、事業継続に必要な体制が明らかになるが、そのままでは平素の体制を大きく超過してしまうことになる。必要性だけを考えれば効率性が犠牲になることは明らかだからだ。そこで、ここでも全体バランスを考慮した調整が必要になるが、このときの調整は平素の体制を基準にしたときとは異なるものになる。

平素の体制を基準にしたときは、既存の部署が調整の基本となり、それぞれの部署から人材や資源のやり取りが行われることになるが、必要性から積み上げたユニットには絶対的な基準がない。異なる業務であっても同じユニットで対応できる場合には、これを共通のものにできる可能性が出てくるのだ。このように調整しても、提供できる人材や資源には限りがあるので、最終的には重視する部分が確保され、その他の部分は必要量を下回ることも発生するが、それは平素の体制を基準にしたときも同じことがいえる。この考え方の最大の利点は、体制構築における柔軟性が高いことにある。検討のスタート時にはほとんど制約事項がないので、もっとも効果的な体制を構築できることになる。

しかしその半面、大きな欠点も有している。それは、BCPを発動したときに、平素の体制からの移行が難しくなるかもしれないということだ。発生したインシデントに白紙で対応しようとするので、平素からの移行はまったく考えていない。このため、BCPの体制が平素の体制と大きく異なってしまう可能性があるのだ。どちらの考え方で検討しても、実際に体制を移行する場合には、人材の移動だけではなく、関連する施設や資源の再配分を伴うことも多く、移行そのものに時間や労力を必要とする。このため、BCP体制の構築においては、ふたつの考え方の利点や欠点を十分認識したうえで、検討を進めることが重要になってくる。

BCPにおける対策

BCPにおいて実際に行うべき対策を検討する場合でも、BCPが発動されてから復旧が完了するまでの大きな流れを踏まえて処置事項を具体化し、必要な資源や通信の確保要領などを定めることが必要だ。ＢＣＰに基づいて行動する範囲は、事業の本格的な復旧まで含んでいるから、対策の検討も広範囲にわたることになる。しかし、対策の検討範囲を単純に広げるだけだと、焦点がぼけてしまって効果的な対策にならないこともあり得る。そのため、ここでは、ＢＣＰ発動後から事業が元の状態に復旧されるまでを、「応急復旧」段階と「本格復旧」段階のふたつに区分して検討する。

「応急復旧」段階は、インシデントが発生してＢＣＰが発動されてから、あらかじめ定めた状態まで事業を復旧させる段階を意味する。ＢＣＰが発動されたとき、被害によって事業は完全に停止しているか、重要業務をはじめとする各業務のいくつかが停止したり、業務レベルが低下したりしているかのいずれかの状態になっているはずだ。この状態を解消するために必要な事項を検討するのだが、このとき、検討されるべきもっとも重要な要素は目標とする復旧の程度だ。言い換えれば、どのような状態まで復旧すれば、「応急復旧」段階が終了するのかということになる。

重要事業の復旧

復旧の程度はさまざまな状態であることが予想されるが、ここでは重要業務の復旧程度を基準として考える。重要業務は、中断した事業を継続するうえで中心となるものでもあり、他の業務との関連で優先されるべき業務でもある。この業務が一定レベルまで復旧しサービスが提供されれば、事業全体としても一定レベルに達したものとみなすということにもなる。

復旧レベルは、それぞれの介護事業者の特性に応じて定められるべきものであり、介護事業者相互に比較するべきものでもない。事業主体が自ら定めた経営戦略のなかで、提供されるべきサービスとして設定されているレベルに対して定められる必要がある。応急復旧を、とりあえず必要なサービスがなんとか継続して提供できる状態だとすれば、それが平素提供しているサービスに対してどの程度になるのかということでもある。こうして定めたものが、「応急復旧」段階における「目標復旧レベル」となる。

ただし、この「目標復旧レベル」には、達成しなければならない絶対的な基準がある。それは、「許容限界レベル」であり、目標はこのレベルよりも上に設定されることが絶対条件だ。提供するサービスのレベルが、その低下が許される限界を下回ってしまえば提供されていないのと同じことになってしまう。また、目標は高ければいいというものでもない。とくに、応急的な復旧は困難な状況の下で行われることが予想され、計画では定めきれない多くの不確定要素が発生する可能性も高いと考えられる。このため、目標とする復旧レベルには、許容限界ギリギリではなくある程度の余裕を持ちながら、決して高すぎないことという条件が付くことになる。

応急復旧段階における目標復旧時間

応急復旧で目標とするレベルを定めたら、次は、それをいつまでに達成するのかを決めなければならない。これが、「応急復旧」段階における「目標復旧時間」だ。これを設定する際にも、基準となるものが存在する。それは、「許容限界時間」だ。その事業が、中断している状態を許容できる時間までに復旧できなければ、目標レベルに達したとしても意味がなくなってしまう。この目標とする時間は、許容される時間よりも努めて早く設定することが大事だ。

先ほど説明したように、応急復旧を行っているときには、予想していないことが発生する可能性が高くなる。なぜなら、インシデントによって受けた被害を、完全に把握できているかどうかわからないからだ。事業に影響するすべての要因をチェックしないかぎり、完全な状況把握はできない。しかし、応急復旧の段階では、これを完全にするために時間をかけている余裕はない。ある程度の状況把握に基づいて、対策を開始する必要がある。このため、目標としての復旧時間には、相応の余裕を持つことが重要になる。もちろん、これも早ければ早いほどいいというものではなく、達成の可能性が十分に見込まれるなかでもっとも早い時間に設定されることが重要だ。

「応急復旧」段階における目標が達成されたら、「本格復旧」段階に移ることになる。本格復旧のための目標設定は比較的容易になるだろう。なぜなら、目標とする復旧レベルは平素のレベルになることは明らかだし、目標とする復旧時間も努めて早く設定することになるからだ。もちろん、目標とするレベルと時間は組み合わせて設定されるから、時間だけを早めても意味はなく、平素のレベルに戻すことができる可能性がある範囲で早い時間に設定されることになる。

本格復旧への移行

むしろ、「本格復旧」段階で十分に検討されなければならないことは、平素の状態に戻すための手順になる。応急復旧によってある程度のレベルまで事業が回復しているのだから、それを継続すればとりあえず事業は継続していることになる。しかし、ここでB

CPが果たす役割は元の状態に戻すことにある。そのため、かろうじて継続している事業をより安定させながら元の状態に戻していくことになる。つまり、本格的な復旧においては、継続されている事業をより安定させることに焦点を当てなければならないということだ。

その具体的な要領は、各事業主体の特性やインシデントによって発生した損害の状況はもちろん、「応急復旧」段階でどこまで回復したかということによって決まる。つまり、どのような状態まで回復したら「応急復旧」段階が終了し、この段階に進むのかということが、本格復旧における対策を検討するうえでもっとも重要だということにほかならない。これは、「本格復旧」段階への移行がBCPにおける重要な結節点となることを意味する。したがって、この段階以降には、経営者レベルでの意思決定が必要になるのだ。

第4節
ステークホルダーとの関係

内閣府の事業継続ガイドラインの「事業継続戦略・対策の検討と決定」のプロセスの最後の項目として「地域との共生と貢献」が示されている。災害対策において「自助・共助・公助」という概念が引用されるが、地域社会、行政、同業者などステークホルダーといかに連携するかについてみていこう。

地域との共生と貢献とは

東日本大震災以降、被害地域が広範囲にわたる災害発生に備え、自治体と医療機関、自治体とトラック協会など災害協定が締結される事例が増加した。都市部においても地域連携の取組が活発化し、被害情報の収集・伝達、応急救護、食料・飲料水の配布、自治体への支援要請など企業と自治体が連携した活動体制がとられるような趨勢にある。介護施設においてもその業務の特殊性や被介護者の特性からステークホルダーとの連携が求められる情勢となっている。ここでは社内、地域社会、関係機関などのステークホルダーとの連携などについて「あるべき方向性」をまとめてみよう。

自社の連携（ジョブローテーションなど）

２０２０年の新型コロナウイルス対策では、２月17日に厚労省の事務連絡「社会福祉施設における職員の確保」により、「利用者・入所者へのサービス提供を維持するため、確保が困難な場合には、法人間の連携や他施設からの職員の応援を確保するために必要な措置をお願いする」との依頼文書が発表された。

災害発生時にもっとも大きな問題のひとつは十分な人手の確保ができないことである。複数の施設を運営する法人は、施設間のジョブローテーションを行い、複数配置や複数施設で業務が遂行できる要員を確保しておくべきである。また、可能であれば、採用時に施設近傍居住者を採用すべきである。災害発生時に公共交通機関を利用して出勤する職員は、戦力として見積ることは難しくなるからである。

地域社会、行政機関（自助、共助、公助）

災害発生時には「自助」、「共助」、「公助」という考え方が重要である。「自助」とは、自分で自分自身や家族の身の安全を確保することである。介護施設であれば、外部に依存することなく、自己組織内で災害に対処することである。基本的には、施設が完全に孤立し、電気、ガス、水道などのインフラが全滅した状態でも3日間生き延びる態勢をとれる準備が必要だと言われている。また、福祉避難施設やある程度の規模の施設の場合には、入所者、職員、関係者の合計人数に対応した3割増しくらいの備蓄および施設外からの避難者受け入れの体制づくりが望まれている。

次に「共助」とは近所や地域または、同業者との助け合いにより災害を乗り越えるという考え方である。1995年の阪神・淡路大震災の際、一番多くの人命を助けたのは地域の住民だったそうである。大災害が発生した場合、倒壊家屋や延焼している家屋から救助が必要になった時に、消防車や消防団、警察、自衛隊の到着まで待てない可能性がある。常日頃から、地域の自主防災活動への積極的参加や、地域や近所の高齢者、障害者など、要支援者の情報などあらかじめ収集しておき、防災活動に活用しなければならない。

「公助」は文字どおり、公的機関すなわち、都道府県、市区町村、消防、警察、自衛隊などによる災害救助活動である。各自治体は、あらかじめ福祉避難施設の指定を行い、食料や災害支援物資の集積や防災緊急電話の設置など、災害に備えて、応援協定を締結している場合もある。災害時には、日頃から十分訓練され、有効な機材を豊富に揃えた消防による公助ほど心強いものはないだろう。しかし、大規模な災害の際には、他の場所での消火活動や急患輸送に従事していることや、橋梁の崩落や電信柱、歩道橋の倒壊で道路が塞がってしまうことがある。災害時の心構えとしては、「公助には期待せず、自助と共助で乗り切る」心づもりで、日頃の訓練、機材の準備および近所の住民との連携や情報交換できる態勢をとるようにしなければならない。

顧客、地域社会からの信頼獲得

災害発生時の顧客や地域社会からの信頼獲得は、BCP策定の重要な要件である。顧客からの信頼獲得は、言うまでもなく、万全な災害対策を実施し、安心して施設を利用してもらう体制を構築することである。実際に災害が起こらずとも、災害対策体制、日頃の職員への教育や訓練を見れば明らかになってしまう。たとえば、定期的な訓練の実施状況をお客様が見ていれば、「これだけ準備しているのだから、実際に災害が発生してもこの施設に任せておけば大丈夫」と信頼していただくことができる。また、地域社会に対しても同様で、日頃からの連携や情報交換によって、この信頼は醸成されていく。

そのためには、地域密着型の地域交流スペース、交流イベントや共同訓練などの実施により施設を身近な存在として捉えてもらうことが重要である。地域における公的法人として、地域のまちづくりの中核的役割を果たしたり、積極的に利用者や地域住民などの参画や情報提供を進めたりして、地域の信頼を獲得できるよう尽力していかなければならない。行政機関との連携も同様に非常に重要な要件となり、行政機関の担当窓口との情報交換はもちろん、行政機関主催の行事などへの積極的な参加も良好な関係構築に役立つものと心得るべきであろう。

取引先との良好な関係の構築

災害に備えてサプライチェーンなど、業務上の関係会社・組織の担当者と確実に連絡が取れる状態になっているであろうか。夜間や休日に災害が発生し、取引先に依頼や確認したい緊急連絡が必要になった場合であっても担当者や責任者と緊急の連絡がとれるような良好な関係を築いておく必要がある。災害では、電話はつながりにくくなり、他の手段をもってしても通信は困難になる可能性が高いと認識し、安否確認も含めて、近傍居住職員へ直接訪問して確認・依頼するという事も腹案として考慮しておくべきである。

第5節

事前対策計画の策定

事前対策計画はＢＣＰのために必要な事前の対策を具体化する役割がある。策定は平素の段階から初動対応が開始される前の期間を対象とする。事前対策のための体制、処置事項、備蓄などへの対応について解説する。

ＢＣＰ発動までの処置事項

ＢＣＰが策定されたならば、インシデントが発生した場合にこれを適時に発動し、適切に運用できるようにすることが重要だ。実際に運用できなければ、多くの時間と労力をかけてＢＣＰを策定した意味がまったくないことになってしまう。このような状態を避けるため、ＢＣＰの発動までに処置しておくべきことを定めるのが「事前対策計画」になる。

「事前対策計画」は、計画体系のなかではBCPのために必要な事前の対策を具体化する役割を担っているが、策定は平素の段階から、「初動対応」段階が開始されるまでの期間を対象として行われる。「初動対応計画」がBCPへのスムーズな連接を図るという役割を担っていることから、「事前対策計画」はBCPのためだけに策定されるのではなく、初動対応のために必要な事前の対策も含めて策定される必要がある。

ここでは、事前対策を行うための体制づくりと、具体的な処置事項の検討要領について説明する。

事前対策のための体制

BCPや初動対応のために必要となる事前対策は、平素の段階に実施されることになる。このことから、計画の策定も平素の体制で行うことが当たり前のように感じるが、実はそうではない。BCPの策定体制のところでも説明したが、事前対策を含むBCMに関連するすべての計画は、事業主体全体を横断する体制で策定することが望ましい。

「事前対策計画」で定められる処置事項は、平素の段階で実施されるから、実施体制は平素の体制になる。しかし、平素の体制のまま計画を策定してしまうと、それぞれの部署が関係する分野でしか検討されないことになってしまう。事前対策は、BCPを適切に発動させて有効に機能させるために必要なことは何か、という視点で検討することが必要だが、それは平素各部署が担当している分野の外にあることが多いだろう。なぜなら、各種業務を担当するそれぞれの部署は、もっとも効率的に業務を遂行することが求められるため、継続するためなら非効率でもいいという判断をしないからだ。

平素の業務を行っているときには、業務の継続性は前提事項であり検討の対象ではない。したがって、業務の継続性を追求するための計画策定は、それに適した体制で実施するべきだと考えられる。もちろん、このことがしっかりと認識されているのであれば、平素の体制で計画を策定することも十分に考えられる。しかし、この場合でも、すべての部署との調整を密にするなどして、努めて全社的に取り組むことが推奨される。

事前対策のための処置事項

BCPのために必要となる事前対策は、当然BCPの内容に応じて変化する。したがって、具体的な内容は、各事業主体の特性や策定されたBCPによってさまざまなものになるだろう。しかし、事前対策を検討する際の考え方は、共通しているのではないだろうか。

ＢＣＰで計画された対策がＢＣＰ発動後に実行されるために必要なことは何か、ということだ。

どこかの施設を使用することが計画されている場合、その施設の管理者を事前に把握し、鍵の保管場所やその授受の要領を確認することが最初に必要となる。その施設が使用される目的に対して必要な設備を持っているのかどうかを確認したうえで、施設の状況に応じてＢＣＰ発動後に使用できるように事前に準備しなければならない。

その施設まで被介護者を移すようなことを想定している場合は、その移動経路を事前に確認することも必要だ。経路上の障害物を事前に取り除いておくことはもちろんのこと、誘導用の表示の設置や、必要に応じて経路上に移動をサポートする器具などを準備することも考えておくべきだろう。エレベータを使用しなければならないような場合には、停電に備えて代わりの手段を確保しておくことも必要だ。

ライフライン維持のための備蓄

ライフラインの途絶に備えて必要な資源を備蓄しておくことも、事前対策の重要な事項になる。資源の備蓄に関しては、どの場所にどの程度を保管しておくかということを、事前に検討して実施することに目が向きがちだが、実際にそれらを使用することを念頭に資源管理を考えれば、事前に行っておかなければならないことに違いが出ることに気づくだろう。ＢＣＰ発動後もそこで管理するのか、あるいは必要な場所に配分するのかによって、備蓄の形態を変える必要があるし、場所を移す場合に必要な運搬用の器具をどこにどれだけ準備すればいいのかが具体化される。

水の補給を受けることを想定している場合は、部外のどの関係機関が水を運搬してきてくれるのか、実際にＢＣＰが発動されたらどのように連絡を取るのか、補給を受ける場合はどのような器具を必要とするのか、補給の頻度はどの程度を予定しているのかなどといったことを事前に調整し、必要な準備を整えておく必要がある。当然、補給された水をどこでどのように管理するのか、使用する場合にはどこに運ぶ必要があるのかを事前に検討して、必要な機材を準備することは言うまでもない。

このように事前に準備できることを検討し、打てる手を打っておくということがこの計画の基本的な考え方だが、この節の冒頭で説明したように、その対象はＢＣＰだけではなく「応急対処計画」も含まれる。インシデントが発生して応急的に対応するためのこの計画が実行されるとき、もっとも重視されなければならない特性は、必要な処置を考えて実行するための時間がきわめて限られているということだ。そのため、事前に準備できることや決められることは処置しておくことが必要になる。とくに、救助や救命に関係する部分は、内容が重要なことに加えて時間的要素の影響度がきわめて高いという性質を持っている。事前対策が、もっとも効果を発揮する部分であるともいえる。

事前対策計画の重要性

このように、「事前対策計画」はＢＣＰや応急対処で行われる対策を対象として、必要な事前の処置を検討し策定するのだが、このときに大事なことは漏れがないように検討することだ。そのため、ＢＣＰや応急対処での対策を一つひとつ対象として検討することが考えられるが、それを行った後、事前対策に重複している部分がないかをチェックする必要がある。このとき、平素の段階から本格復旧が完了するまでの間を、時間に沿って横断的にチェックすることを推奨する。そうすることによって、漏れなく重複なく事前対策を具体化することが可能となる。

第6章

教育、訓練および改善

第1節

教育訓練計画

ＢＣＰの実効性を高めるため、ＢＣＰの教育訓練計画を策定する。ＢＣＭの重要性を理解させ、ＢＣＭの構造や目的、計画体系、具体的対策や手順といった幅広い内容を教育訓練する必要がある。そのため、訓練に求められる規模や頻度をどう検討するか解説する。

ＢＣＰの実効性を高めるために

同じＢＣＭとはいっても定型はないので、その内容はさまざまであることはこれまで何度も説明してきた。したがって、ＢＣＭにおける計画体系にも、それぞれの事業主体の特性に応じて必要な計画が含まれることになる。しかし、一般的には計画体系に含ませておくことが必要な計画もある。

その代表的なもののひとつが、「教育訓練計画」だ。これは、全社員に対してＢＣＭの全体的な構造を理解させ、各種の計画が発動された場合に適切に対策が講じられるようにトレーニングしておくための計画だ。この計画は、ＢＣＰの実効性を高めるために必要不可欠なものであり、比較的定期的に実行されることが多いのも特徴である。ここでは、「教育訓練計画」の策定の要領について説明する。

教育訓練計画の策定

インシデント発生後に速やかに対処し、適切にＢＣＰを発動して復旧活動に移行して事業を継続するためには、経営者を筆頭にすべての社員がＢＣＭの全体的な構造やＢＣＰなどの各種計画について十分に理解するとともに、対策を適切に実行できるように準備しておくことが必要だ。これを徹底するために策定されるのが「教育訓練計画」だ。

この計画には、名称にもあるようにふたつの役割が与えられている。すなわち、「教育」と「訓練」である。どちらも似たようなものだと感じられるかもしれないが、先ほど説明したように、十分に理解させることに重点を置くのが「教育」であり、適切な対策の実行を可能にすることを重視して行われるのが「訓練」である。もちろん、理解が十分であれば適切に実行できるかもしれないし、処置が実行できるということはそれに対する理解が十分である可能性はある。したがって、この区分は得られる成果ではなく行う内容によって大きく分けられていると理解していただければいいだろう。

ＢＣＭ教育と重要性の理解

教育では、全社員がＢＣＭに関する知識を得て、それを理解してもらえるように行うことが重要だ。このため、実施する場合には、対象とする範囲や内容によってその形態はさまざまになるだろう。全員を集めて説明する場合もあれば、新入社員だけを対象として入社時の研修などに合わせて行うこともあるだろう。部署ごとの朝礼などの場を活用して、ポイントだけを説明するような形も当然考えられる。口頭での説明だけのときもあれば、スライドや資料を提示しながらの場合もあるだろうし、内容によっては少し実践してもらうことが必要な教育もあるだろう。

どのような形で教育が行われるとしても、決して忘れてはならないことがある。それは、重要性を理解させるということだ。ＢＣＭについて十分に理解してもらうためには、その構造や目的、計画体系や各計画の内容、具体的な対策の内容や手順といった幅広い内容を知ってもらうことから始めなければならない。それだけでも大変なことだろうが、理解度を深めなければならないとすれば、さらにハードルが上がることになる。

BCMに限ったことではないが、何かを深く理解するためには、それがどの程度重要なことなのかということが大きく影響すると考えられる。生命を維持するために必要なことであれば、どんなに難しいことでも理解しなければならない。教育がなされなくても、必要な知識は手に入れるし、理解するように努力するものだ。BCMが十分に理解されないひとつの要因として、それが必要とされる状況が稀にしか発生しないということがある。平素の業務に必要な知識や技能など、手に入れなければならないものが多いほど、BCMへの理解はその優先度が低くなっていく。このため、BCMへの理解を深めてもらうためには、それがどのくらい重要なものなのかを理解させることが必要なのだ。教育を行う際は、規模や内容にかかわらず、常にBCMの重要性を強調することを忘れないようにしていただきたい。

BCM訓練

また、計画には形態に合わせてその実施頻度を定めておくことを推奨する。新入社員には毎年1回実施されると思うが、その他の対象者にも定期的に行われるように計画しておくとよいだろう。小規模のものであれば週1回というものもあっていいだろうし、特定業務を担当する部署の部員を集めるのであれば、年に数回程度にしなければ業務に支障が生じてしまう。対象や内容、規模や場所といった区分に応じて柔軟に計画することが重要だ。また、何かの機会に臨時で行うこともあっていいだろう。直接被害が発生しなくても、ほかのどこかで発生したインシデントを題材として行えば、より効果が高まると考えられる。

頻度と同時に、それを担当する責任者や部署を、あらかじめ指定しておくことも忘れないことが必要だ。事業主体全体の教育訓練担当者も当然指定されると思うが、さまざまな形態で行われる教育についてもすべて担当を明示しておくことが必要だ。

訓練では、実際に対策を実行して体験してもらうことが重要だ。しかし、実際に体験してもらうためには、さまざまな準備が必要になる。このため、訓練は教育と比較すると、その実行には困難が伴うことが多いだろう。しかし、訓練は繰り返すことで効果が高まるという特性も併せ持っている。訓練を計画するときには、このようなことを考慮して策定することが必要だ。

訓練のための準備の必要性は、訓練の内容とその規模によって左右される。インシデント発生後の連絡確保だけを対象とする訓練では、さほど準備の必要はないかもしれない。仮に訓練規模が全社的なものになったとしても、準備することは小規模な時とあまり変わらないだろう。しかし、救助や救命の訓練や、被介護者の移動を伴うような訓練は、多くの準備を必要とするだろう。総合的な訓練になればなるほど、準備する内容は広範多岐にわたり、器材などの準備も必要になるだろう。

訓練に求められる規模と頻度

そのため、訓練に関しては、規模と頻度を同時に検討することが求められる。この際、規模に応じて担当する部署や責任者を、先に決定しておくことを推奨する。大規模な訓練を実施するためには、それに相応する実施体制が必要になる。訓練への参加者の範囲、訓練内容、準備するべき器材などを決めることが優先されるが、そのあとも、時間や場所の調整から当日の実施の統制までやるべきことが多く、これを担当する部署は時間的にも拘束されることが予想される。規模が大きくなればなるほど、それに対する体制を整備する必要性は高くなる。このため、大規模な訓練は、その実施頻度を少なくする努力が必要だ。

訓練規模が小さければ、平素の体制のまま実施することも可能になるだろう。訓練内容が限定されれば、事前の準備の必要性も低下すると考えられる。訓練を担当する体制も小規模で済むと考えられるので、実施頻度はある程度増やしてもいいだろう。いずれにしても、訓練は規模と内容に照らし合わせて、準備や実施にかける労力と訓練から得られる成果のバランスが最適なように計画することが重要だ。

第2節

BCM改善計画

BCPは策定したら終わりではない。策定した時点から、新たな環境下で陳腐化が始まると言われる。そのため、BCM改善計画を策定し、改善の手順を決めておくことが必要である。実際にBCMを改善する際の手順を見てみよう。

BCP策定後の対処

BCPに関して注意しなければならないのは、「BCPは策定したら終わり」ではないことである。策定した時点から、新たな環境下で陳腐化が始まる。人が入れ替わる、建物が改造される、周辺状況が変化すれば、BCPの対応も変化する。そして重要なことは、複合災害や想定外の災害にあっては、災害やリスクへの対処の思考過程や行動方針の決定の仕方は、組織・団体が同じ方向性をもって、迅速かつ正確に対処していくことが重要である。たとえ災害がマニュアルや手順書と異なっていても、災害への向き合い方、対処の要領を応用していけばいいだけのことである。リスクに対する対応要領やチームの作業分担などの基本的な考え方は不変である。

そこで計画体系に含ませておくことを推奨する代表的なものが、「ＢＣＭ改善計画」だ。この計画は、ＢＣＭを常に最良の状態に維持するために策定されるものである。このため、ＢＣＭ全体やＢＣＰなどの各計画に何か不都合が発生した場合は、すぐに対策が打てるように策定されている必要がある。

ここでは、「ＢＣＭ改善計画」の策定の要領を説明し、実際に改善する際の手順について簡単に触れる。

ＢＣＭ改善計画の策定

ＢＣＰをはじめとして、ＢＣＭに含まれるすべての計画は、有効に実行されて初めて意味を持つ。このため、各事業主体の特性にあわせ、さまざまな環境要因の変化に応じて最適な状態を維持しておくことが必要になる。そのためには、定期的な見直しとともに、ＢＣＭに関係する何らかの事象が発生したときに見直せるように、あらかじめ計画しておくことを推奨する。

介護事業にかぎらないが、事業を取り巻く環境は毎日変化しているといってもいいだろう。技術革新があって劇的に変わることもあれば、どこかでインシデントが発生し、新しい教訓が得られるかもしれない。関係企業の状況が変化することもあるだろうし、被介護者の状態が変わることで提供する業務が変わるかもしれない。所管する省庁や地方公共団体の方針も変わりえる。このように環境が変化した場合は、ＢＣＭ体制を見直す必要性が高くなる。

改善のきっかけは環境変化によることが多いのも事実だが、各事業主体の内部の変化もあるだろう。事業内容が同じであっても規模が拡大されたり、新たな器材やシステムが導入されたりすることで、各業務がインシデントによって受ける影響度に変化が生じるかもしれない。事業内容を拡大したり変更したりすれば、当然ＢＣＭの体制も見直しが必要になると考えられる。これらの変化は各事業主体が主導的に引き起こすものだから、そのような経営判断がある場合には、ＢＣＭに関しても十分な留意が必要となる。

定期的なＢＣＭ体制の改善に加えて、何らかのきっかけで見直す必要が生じることは避けられないが、それでも頻繁にＢＣＭを見直すことはあまり推奨できない。小さい改善や修正であれば、それほど大きな影響はないかもしれないが、改善内容がそれまでのものと大きく異なるような場合は、それを全社員に周知徹底させなければならなくなる。それまでにつくり上げてきたＢＣＭの体制が損なわれる可能性もある。したがって、大きな改善は１～３年に１回程度にとどめ、比較的小規模な改善はある程度の回数を予定するように計画するほうがいいだろう。教育訓練の結果、改善が必要という場合も、ＢＣＭに非常に大きな問題が生じている場合を除いて、１～３年に１回実施する大規模な改善の際にまとめて行うほうがよいだろう。

ＢＣＭ改善の手順

ＢＣＭの改善を検討する際には、最初にＢＣＰの有効性を点検することから始めたい。改善計画はＢＣＭ全体を対象としているので、当然ＢＣＭの有効性も確認されなければならない。しかし、ＢＣＭは分析や戦略立案を含み、各種の計画を中心とした幅広い要素で構成される管理プロセスでもある。このため、ＢＣＭの有効性をチェックするためには、これまで説明してきた全体のプロセスを一つひとつ確認することが必要になる。この作業は、これまで説明してきた内容を再度確認するようなものになるため、多くの時間と労力を必要とする。そこでBCMの全体構成に着目し、その中心として位置付けたBCPの有効性を点検する。

これまで、BCPが計画体系の中心となる重要な位置づけにあり、その他の計画がBCPにどのように関連するかという視点で説明してきた。「初動対応計画」の目的のひとつがBCPへのスムーズな移行であり、BCPが有効に機能するために対策が考えられているとすれば、BCPの有効性を点検することで「初動対応計画」に必要な改善点もわかるようになるだろう。同じような視点でその他の計画も点検し、計画体系全体での改善点を明らかにしていくのが効率的だと考えられる。

BCPをはじめとする各計画の改善点が具体化されたら、次はBCMの各プロセスのチェックを行う。計画策定のために、事業に対する影響度の分析と戦略の検討を実施したが、それが適切だったかという視点で確認されることになる。有効性の観点からBCPのなかに見つけられた問題が、分析が不十分であったために生じたのか、戦略の検討が十分になされていないことが原因で発生したのかをチェックする。もちろん、分析や戦略の検討が十分であっても、計画に落とし込む際に内容が十分に反映されない場合もある。これらのことを確認したうえで、必要があれば分析の要領や戦略の検討方法などを改善することになる。

ＢＣＭプロセスの改善検討は、最終的に基本方針の策定段階まで戻ることになる。これまで改善のために確認されてきた内容から判断したときに、基本方針の変更を必要とするようなこともあるかもしれない。基本方針は、ＢＣＭの出発点でもあるが、決して絶対的な聖域ではなく、見直される可能性も十分にある。しかし、これを修正することは、以降に続くすべてのプロセスをもう一度見直すことにほかならない。点検や確認はＢＣＰから逆行的に進めてきたが、基本方針が修正されるのであれば、そこから再度プロセスを重ねていくことが必要になる。したがって、基本方針の修正は大きな経営判断であるので、慎重に検討することが求められる。

第3節

経営層による改善の承認

ＢＣＭプロセスから策定されたＢＣＰなどの計画は経営レベルで承認される必要がある。そして、改善を行う場合には改善の方向性の承認を得なければならない。見直しレベルの判断も必要だ。さらに、改善実行の注意事項について経営レベルの判断が必要な場合の対応などを解説する。

改善に至るプロセス

第４章で、ＢＣＭが経営レベルの戦略的活動であり、その中核であるＢＣＰの策定に際しては、経営レベルの責任者を含む事業横断的な体制を必要とすることに触れた。ＢＣＭの重要性に鑑みれば、ＢＣＭプロセスそのものや策定されたＢＣＰなどの諸計画は、経営レベルで承認される必要がある。もちろん、改善する際にも同様に経営層からの指示があってしかるべきであり、その内容も経営層から承認されるべきものだろう。

ＢＣＰをはじめとする各種の計画や、それまでのＢＣＭプロセスの各段階は、それが完了した時点で経営レベルに報告され承認を受けるように進めてきた。しかし、「⑥見直し・改善」の段階は、そのプロセスを開始する際にその方向性について承認を受けるようにしたほうがよい。前節でも説明したが、改善はその内容や程度によっては、ＢＣＭ全体を再構築する可能性を持っている。それは、大きな経営判断でもあるので、環境要因や事業主体内部の変化や、教育・訓練の結果を受けて改善に着手するときには、最初に大まかな分析で改善の方向性を明らかにしてから詳細な作業に入ることをお勧めする。

各事業主体の特性などに応じて、改善の承認にもさまざまな要領があるだろうが、ここでは「⑥見直し・改善」段階の最初と最後に承認を受けることとして、このプロセスの進め方について説明することにする。

改善の方向性の承認

ＢＣＭを見直し、改善することは、ＢＣＭの実効性を維持するうえで欠かせないものだ。このため、定期的に行うとともに、さまざまな要因変化に応じても時機をとらえて実施することが必要だ。しかし、その一方で、改善がＢＣＭ全体に及んだり、基本方針の変更などＢＣＭの方向性を大きく変えたりするような場合には、慎重に検討するべきことを説明してきた。このため、改善の検討に着手する際には、その方向性について経営レベルの判断を必ず仰ぐようにしたい。

改善のきっかけはさまざまだが、事業環境の変化、事業内容の変化、教育訓練結果の反映というものがその主なものであると考えられる。これらを受けて改善を図る場合、それぞれがこれから始まる改善作業にどのように影響するかという、概要分析を最初に行っておくことが重要だ。そして、その分析を基に、改善の方向性を明らかにする。

事業を取り巻く環境の変化には、さまざまなものがある。新たな技術が開発されて業務内容が大きく変わる場合もあれば、取引先企業の状況が変化したことによって取引先が変わるようなことも起こるだろう。事業を所管する省庁や地方公共団体の方針が変更される場合もある。これらの変化に対して改善を検討する場合、これらが現在のＢＣＭに対して及ぼす影響を分析する必要がある。取引先企業の変更も、距離が遠くなったり、企業数が多くなったりすれば、業務としては大きな変化が生じるかもしれないが、ＢＣＭの観点ではさほど大きな変化にはならない可能性がある。しかし、新たな技術の導入は、確実に業務内容を大きく変化させるだろう。それを事業継続の観点で評価し、ＢＣＭの変更をどの程度必要とするかを判断しなければならない。所管省庁などの方針変更も同様で、それが事業に対してどのように影響するかによって、改善方向が変わってくる。

BCM見直しのレベル判断

ここで判断しなければならないことは、これらの変化を分析した結果、BCMの全体的な見直しを必要とするかということだ。必要とする場合には、策定体制に匹敵する体制を準備して改善に着手しなければならないが、そうではない場合は、平素の体制でも改善の検討ができることもある。もちろん、この段階では大まかな分析なので、判断に迷うこともあると思うが、改善体制を決めるためのものなので、結論は明らかにしておかなければならない。もし、どうしても判断がつかなければ、この分析だけを詳細に行うことも必要になるかもしれない。仮にそうであったとしても、改善の方向性を決めた後には同じことをするので、決して無駄にはならないだろう。多少の時間をかけても、この判断はしっかり行うことを推奨する。

事業内容が変化する場合

一方、事業内容の変化は、事業主体が主導的に発生させるものであり、環境要因の変化への対応とは異なる方法で、改善の方向性を決定できる。事業内容の変化は、経営戦略の変更によって生じる。したがって、経営戦略を変更する際の分析に合わせて、ＢＣＭへの影響分析も行えばよいことになる。経営戦略に基づいて事業内容を変更すれば、ＢＣＭにどのような変更が必要になるのかを明らかにして、ＢＣＭの改善方向をあらかじめ定めておくことになる。つまり、このように進めれば、ＢＣＭ改善の方向性はあらかじめ経営レベルでの承認を受けたものということになるのである。

経営戦略では、効率性に重きが置かれる傾向があるが、ＢＣＭも考慮したうえでこれを判断することが必要になる。経営戦略の変更に伴うＢＣＭの改善にかかるコストを、経営上のコストに算入することでこれが可能になる。経営上の判断はコスト以外の要因によるものもあると考えられるが、それらはすべてＢＣＭの改善を考慮要因のひとつとして行っていただきたい。

そのため、経営戦略の策定体制とＢＣＭの改善体制との連携を図ることを推奨する。

経営戦略の策定体制は経営レベルに近いところで設定されると考えられるが、ＢＣＭの改善体制は経営レベルを含む幅広い範囲で構成されるべきだ。このため、ふたつの体制を同じにすることは難しいだろう。どちらの体制にも含まれるメンバーが連携の接点になることも考えられるが、連携を強化するためには連絡会議を設けるなどして、相互に意思疎通を図るようにすることがもっとも効果を高めるだろう。

教育訓練結果と改善点の検討

教育訓練の成果を反映する場合は、教育訓練の実施計画をつくったり、成果をまとめたりするときに、改善方向の承認を受けることを念頭に進めればいいだろう。教育訓練の目的が、ＢＣＰなどの計画に対する理解を深め、対策を体験することで実効性を高めることにあるのは説明したとおりだが、もうひとつの目的は、ＢＣＰの適否を点検し評価することにある。それは、とりもなおさず実効性を維持するための改善点を見つけることでもある。

このため、教育訓練を実施する際には、改善点を見つけるためのポイントをあらかじめ設定しておくことが必要になる。そして、実施している間にそのポイントに従ってチェックし、成果をまとめるときにその結果に基づいて改善点を明らかにすることになる。この要領では、事前にある程度の分析によって予想される改善点を見つけることが必要だが、ＢＣＭに対する問題意識が高ければ能動的に改善点を明らかにできるという利点がある。その反面、事前の分析に先入観が強く作用すれば、改善点を見逃してしまうというリスクも併せ持っている。これらの点を十分に認識すれば、効率的に改善点を探し出せ、改善方向を明らかにできるだろう。したがって、教育訓練の実施に関して経営層の承認を受けるときに、この点を含めておけば、改善の方向性に関する承認を改めて受ける場合でも、比較的容易になるだろう。

ＢＣＭを見直す場合

ここまで、改善の方向性を明らかにする要領について説明してきたが、経営レベルが主導的に改善の方向性を示す場合もある。環境要因や事業内容が変化しなくても、教育訓練の結果、とくに改善するべき点が見つからなくても、ＢＣＭを見直すケースはあり得るだろう。そのひとつとして、ＢＣＭの監査体制を設けている場合が考えられる。

ＢＣＭを重視すればするほど、その策定や管理の体制や、実際に行われている対策の実施状況などを、それとは離れた位置から確認する必要性が高くなるのではないだろうか。そのために、ＢＣＭを監査するための組織をつくり、そこからの報告がＢＣＭ改善のきっかけになることもあるだろう。この場合、改善に関する指示が経営レベルから示されることになるので、方向性に関する承認はすでに得られていることになる。

いずれの場合でも、ここまで説明してきたように、ＢＣＭの改善作業を開始する前に、経営レベルでの意思決定を経て改善の方向性を定めることが推奨される。

改善内容の承認と実行

経営レベルから改善の承認を受けたら、それに従って具体的な改善項目を明らかにすることになる。それは広範囲の分野にわたり、その内容の程度もさまざまなものになることが考えられる。その一つひとつをここで説明することはできないが、少なくとも承認を受けた改善の方向性に沿ったものであることは確かだろう。それらを実行に移して改善が進められることになるのだが、その前に改善内容について経営レベルの承認を受けることが必要だ。

とくに、現在のＢＣＭから大きく変更されるような改善の検討が承認されたような場合、この承認が必須となることは自明であろうが、小規模な改善であっても同様に必要とされるのだ。その理由は大きくふたつある。

ひとつは、改善内容が実行されるかどうかの最終判断だからだ。改善の程度にかかわらず、それが実行されている間は、それまでにつくり上げてきたBCM体制の機能が一時的にせよ低下する。大規模な改善には時間を必要とするので、その期間は相応にかかる可能性もある。提案された改善内容とBCMの機能低下を比較考慮して、改善を実行するかどうかを判断しなければならない。しかも、改善が速やかに行われなければならない場合を除き、実行する時期も合わせて判断することになる。いかにBCMの改善が必要であったとしても、これらのことを検討することなく実行に移してしまえば、改善している間に発生するインシデントに対してまったく対応できないという事態が発生しかねない。

もうひとつの理由は、改善の検討開始から改善を実行に移すまでに、ある程度の時間が経過していることである。大規模な改善であればあるほど、内容の検討に時間を必要とするはずだ。このため、改善の検討を始めたときに分析した状況が、さらに変化している可能性がある。変化が大きい場合は、検討の方向性そのものに影響を及ぼす可能性もあるので、これは慎重に確認されなければならない。もちろん、まったく変化がないこともあり得るが、改善を実行に移すためには、ないことを確認することが重要だ。このため、この部分を明らかにして、改善実行の承認を受けることが必要になる。

いずれの場合でも、改善の実行には時間と労力を必要とし、ある程度のリスクを伴っていることは明らかだ。したがって、改善内容はもちろんのこと、それを実行に移すかどうかという判断は経営レベルで承認するべきものだ。

改善実行の注意事項

では、実際に改善を実行する際には、どのようなことに注意が必要となるのだろうか。大規模な改善には、相応の準備や資源が必要とされる場合が多いと思われる。また、広範囲の部署にまたがるような場合には、その実施時期や順序の調整が必要になることも考えられる。もしかすると、平素の業務の関係で予定時期を変更しなければならないようなことが発生しないともかぎらない。十分な調整と事前の準備によって、できるだけ短い期間で改善が進むように実行することが、きわめて大切だ。

また、改善の実行に着手した場合は、必ず経営レベルに報告するようにするべきだ。

実行そのものは承認されているので、開始の報告は必要ないと思われるかもしれないが、ＢＣＭ体制の機能低下の状況は経営レベルで把握しておかなければならない。もちろん、小規模な改善であれば、影響はさほど大きくはないだろうから、報告する必要性は低いだろう。頻繁な報告は、短期間での改善を阻害する要因になるかもしれないが、機能低下の状態に備えるのは経営レベルでの判断になるので、小規模なものはある程度まとめて報告するなどの工夫で、対応することが必要だ。

ＢＣＭの改善は、全体プロセスの最後を締めくくる大事な段階でもある。もちろん、ＢＣＭはプロセスのすべての段階にフィードバックしながら継続する、ループのようなものでもあるため、「⑥見直し・改善」段階で終了するわけではないが、全体プロセスにおける重要な結節となる段階であることは間違いない。ＢＣＭをつくり上げ、実効性を維持していくためにも、適切な改善が継続して行われるように着意することが必要だ。

第4節

介護BCPを策定するうえでの参考資料

介護福祉施設においてBCPを策定する場合、内閣府、関係省庁さらには各自治体などが公表しているガイドラインやハンドブックの活用が有効である。また、想定シナリオの策定においてハザードマップや各種被害想定などをどのように活用するかみてみよう。

介護福祉行政のBCPへの取り組み

内閣府、関係省庁など行政機関では、さまざまなガイドラインやBCP策定の支援ツールおよび被害見積りなどを公表している。実際に「介護BCP」を策定するうえで、あるいはすでに策定したBCPを改善する際に、以下の内容も参考にされたい。

BCPについては、内閣府は、2005年8月、民間と市場の力を活かした防災力向上に関する専門調査会（中央防災会議）において、企業・組織の災害時における事業継続計画（ＢＣＰ）の策定促進のためガイドライン第一版を策定し、２０１３年８月には「企業・組織の平常時からの事業継続マネジメント（ＢＣＭ）の普及促進」および「災害教訓、国際動向等の反映」を盛り込んだ第三版を策定した（第３章で触れたガイドラインと同一のものである）。経産省中小企業庁は、中小企業へのＢＣＰの普及を促進することを目的として、中小企業関係者や有識者の意見を踏まえ、中小企業の特性や実情に基づいたＢＣＰの策定および継続的な運用の具体的方法がわかやすく説明された「中小企業ＢＣＰ策定運用指針（～緊急事態を生き抜くために～）」を発行した。

また、福祉施設を念頭においたものとして、厚労省の委託を受け、２００９年３月に全国社会福祉施設経営者協議会は、「福祉施設経営における事業継続計画ガイドライン」を発行した。内閣府は２０１６年４月に「福祉避難所の確保・運営ガイドライン」を定め、「主として、高齢者、障害者、乳幼児その他のとくに配慮を要する者（以下、「要配慮者」という）を滞在させることが想定されるものにあっては、要配慮者の円滑な利用の確保、要配慮者が相談し、又は助言その他の支援を受けることができる体制の整備等その他の要配慮者の良好な生活環境の確保に資する事項について、内閣府令で定める基準に適合するもの」と規定した。

その他、各都道府県はさまざまな事業継続ガイドライン、ハンドブック、ＢＣＰ作成支援ツールを発行している。また、東京都福祉保健財団やリスクコンサルタント会社なども、さまざまな経験と蓄積されたノウハウに基づき、非常にわかりやすく策定しやすい情報を多数提供している。ご自身の組織の環境や要望に合致するものを選定し、活用することを推奨する。

ＢＣＰ策定が定着しない原因として「ＢＣＰ策定のノウハウがない」、「ＢＣＰ策定の担当者がいない」などと言われるが、各行政機関では、頻繁にＢＣＰ策定講習やＢＣＰ運用に関する講演会、説明会なども開催している。さらに、社会福祉経営協議会、福祉保健財団、その他各種コンサルタント会社などもさまざまな企画のイベントを行っている。

ガイドラインなど

（1）「事業継続ガイドライン」：内閣府中央防災会議
わが国の企業・組織における事業継続の必要性を明示し、災害に備えて、実施すべき事項、望ましい事項を記述し、事業継続計画の策定・改善につながる事業継続マネジメントの普及促進を目指す内容となっている。事業継続計画の取組の必要性、方針の策定、分析・検討、事前対策・教育・訓練の実施、見直し・改善などBCP策定の基本が盛り込まれている。

（2）「【介護・福祉】事業継続計画概要（基本情報）」：新型インフルエンザ等有識者会議社会機能に関する分科会（第7回）配布資料

各業界の業務概要、BCP策定状況、事業継続に向けて実施している主な社内対策、優先業務、縮小業務など、その業務内容や必要職員数の比率などを一覧表でわかりやすく説明している。

（3）「社会福祉施設・事業所における新型インフルエンザ等発生時の業務継続ガイドライン」：厚労省

「新型インフルエンザ等対策特別措置法」（2013年4月13日）では、サービスの停止などが利用者の生命維持に重大・緊急の影響がある介護・福祉事業所は「介護・福祉型」と整理されている。このガイドラインはサービス形態に基づき、「介護・福祉型」の事業者を9種類の区分けに再整理し「BCP検討のきっかけを提供すべく」情報をまとめている。

（4）「福祉避難所の確保・運営ガイドライン」：内閣府（防災担当）

東日本大震災の教訓から、「避難所における良好な生活環境の確保に向けた取組指針」（2013年8月）を踏まえて、「福祉避難所設置・運営に関するガイドライン」（2008年6月）が改定・修正された。平時の取り組みなくして災害時の緊急対応を行うことは不可能であるという認識に立ち、福祉避難所についても市町村との連携をとりながら対策を進めることが求められている。

（5）「福祉施設の事業継続計画（BCP）作成ガイド」：公益財団法人東京都福祉保健財団

その他都道府県発行「障害福祉施設／高齢者福祉施設BCP作成支援ツール」などは実用書であり、いずれも、さまざまな観点からBCP策定に必要な要素が網羅されている。

被害想定

（1）「首都直下地震対策検討ワーキンググループ最終報告の概要」：内閣府

防災対策の対象とする地震の概要、人的・物的被害の想定、社会・経済への影響と課題などがまとめられている（247ページ図表6―1）。

（2）ハザードマップ

行政が自治体ごとに「風水害編：川の氾濫、高潮被害、場所別」、「震災編：火災、建物倒壊、液状化、津波想定」のマップを掲載している。一例として「大田区ハザードマップ（多摩川の氾濫：浸水の広さと深さ）」を示す（248ページ図表6―2）。

Ⅳ．対策の方向性と各人の取組

1．事前防災

(1) 中枢機能の確保

① 政府業務継続計画の策定

② 金融決済機能などの継続性の確保

③ 企業：サプライチェーンの強化、情報資産の保全強化

(2) 建築物、施設の耐震化などの推進

(3) 火災対策：感震ブレーカーなどの設置促進、延焼防止対策

(4) オリンピックなどに向けた対応：外国人への防災情報伝達

2．発災時の対応への備え

(1) 発災直後の対応（おおむね10時間）：国の存亡に係る初動

① 災害緊急事態の布告：一般車両の利用制限、瓦礫の撤去など、現行制度の特例措置、新たな制限などの検討

② 国家の存亡に係る情報発信：国内外に向けた情報発信

③ 交通制御：放置車両の現実的な処理方策の検討

④ 企業の事業継続性の確保：結果事象型のBCPの策定

(2) 発災からの初期対応（おおむね100時間）：命を救う

① 救命救助活動：地域の住民、自主防災組織、企業

② 災害時医療：軽傷・中等傷患者の地域での対応

③ 火災対策：初期消火の行動指針

④ 治安対策：警察と防犯ボランティアの連携

(3) 初期対応以降：生存者の生活確保と復旧

① 被災者への対応：避難所運営の枠組み

② 避難所不足などの対策：民間宿泊施設の有効活用、広域避難の枠組み構築、避難者への情報発信

③ 計画停電の混乱回避：複数のプログラム策定

④ 物流機能低下対策：物流関連企業への活動支援

⑤ ガソリンなど供給対策：民間緊急輸送への支援

3．首都で生活する各人の取組

① 地震の揺れから身を守る：耐震化、家具固定

② 市街地火災からの避難：火を見ず早めの避難

③ 自動車利用の自粛：皆が動けば、皆が動けなくなる

④「通勤困難」を想定した企業活動などの回復・維持

Ⅴ．過酷事象などへの対応

1．首都直下のM7クラスの地震における過酷事象への対応

(1) 海岸保全施設の沈下・損壊（ゼロm地域の浸水）

(2) 局所的な地盤変位による交通施設の被災

(3) 東京湾内の火力発電所の大規模な被災

(4) コンビナートなどにおける大規模な災害の発生

2．大正関東地震タイプの地震への対応

(1) 津波対策：長期的視野にたった対策

(2) 建物被害対策：時間的猶予があると思わず、耐震化

(3) 新幹線、東名高速道路：東西分断対策の検討

(4) 長周期地震動対策：対策の技術開発の推進

3．延宝房総沖地震タイプの地震などへの対応

【今後の対応】

○ 地震防災対策大綱（中央防災会議）

○ 緊急対策推進基本計画（首都直下地震対策特別措置法）

○ 首都直下地震防災戦略（中央防災会議）

図表 6-1　首都直下地震対策検討ワーキンググループ最終報告の概要

Ⅰ．防災対策の対象とする地震

（1）首都直下のM７クラスの地震【都心南部直下地震（Mw7.3）】（30 年間に 70％の確率で発生）…防災対策の主眼を置く

（2）相模トラフ沿いのM８クラスの地震【大正関東地震タイプの地震（Mw8.2）】（当面発生する可能性は低い）… 長期的視野に立った対策の実施

＊ 津波への対応：上記地震では東京湾内の津波はそれぞれ１m以下、２m以下【延宝房総沖地震タイプの地震】などに対して、津波避難対策を実施

Ⅱ．被害想定（人的・物的被害）の概要

1. 地震の揺れによる被害
   - (1) 揺れによる全壊家屋：約 175,000 棟 建物倒壊による死者：最大 約 11,000 人
   - (2) 揺れによる建物被害に伴う要救助者：最大 約 72,000 人
2. 市街地火災の多発と延焼
   - (1) 焼失：最大 約 412,000 棟、建物倒壊などと合わせ最大 約 610,000 棟
   - (2) 死者：最大 約 16,000 人、建物倒壊などと合わせ最大 約 23,000 人
3. インフラ・ライフラインなどの被害
   - (1) 電力：発災直後は都区部の約 5 割が停電。供給能力が5割程度に落ち、1週間以上不安定な状況が続く
   - (2) 通信：固定電話・携帯電話とも、輻輳のため、9割の通話規制が1日以上継続。メールは遅配が生じる可能性。携帯基地局の非常用電源が切れると停波。
   - (3) 上下水道：都区部で約5割が断水。約1割で下水道の使用ができない。
   - (4) 交通：地下鉄は1週間、私鉄・在来線は1カ月程度、運行停止する可能性。
主要路線の道路啓開には、少なくとも１～２日を要し、その後、緊急交通路として使用。
都区部の一般道はガレキによる狭小、放置車両などの発生で交通麻痺が発生。
   - (5) 港湾：非耐震岸壁では、多くの施設で機能が確保できなくなり、復旧には数カ月を要す。
   - (6) 燃料：油槽所・製油所において備蓄はあるものの、タンクローリーの確保、深刻な渋滞により、非常用発電用の重油を含め、軽油、ガソリン、灯油とも末端までの供給が困難となる。
4. 経済的被害
   - (1) 建物などの直接被害：約47兆円 (2) 生産・サービス低下の被害：約48兆円 合計：約95兆円

Ⅲ．社会・経済への影響と課題

●首都中枢機能への影響
- ・政府機関など
- ・経済中枢機能：資金決済機能、証券決済機能、企業活動 など

● 巨大過密都市を襲う被害と課題
- ・深刻な道路交通麻痺（道路啓開と深刻な渋滞）
- ・膨大な数の被災者の発生（火災、帰宅困難）
- ・物流機能の低下による物資不足
- ・電力供給の不安定化
- ・情報の混乱
- ・復旧・復興のための土地不足

図表 6-2　大田区ハザードマップ（多摩川の氾濫：浸水の広さと深さ）

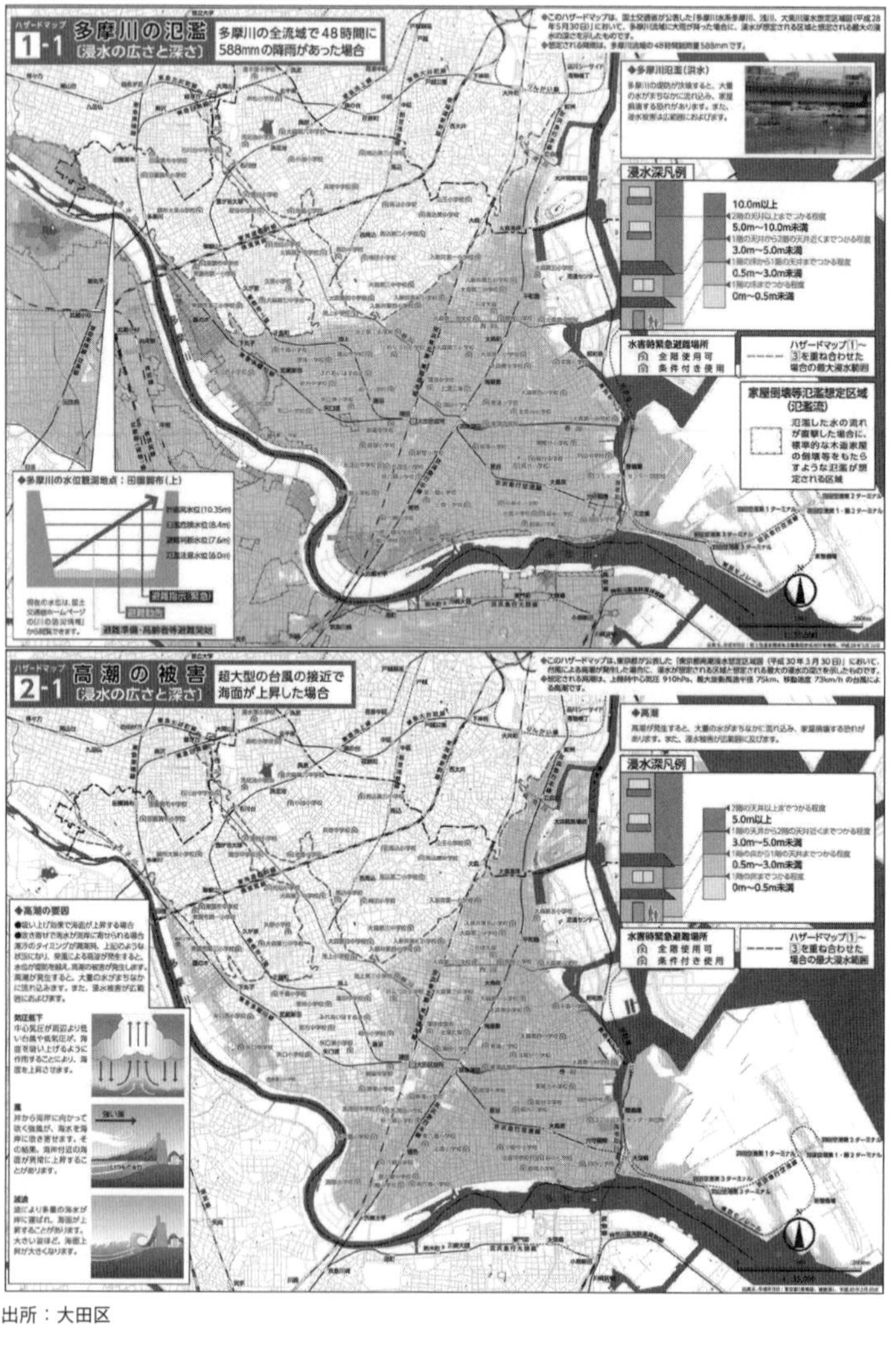

出所：大田区

おわりに

本書では、新型コロナウイルスの感染が拡大するなかで、どのようなリスクを見積り、想定シナリオを作成し、ＢＣＰを策定し、介護施設としてどのような戦略を立て、教育、訓練しさらなる改善を行っていくかを示した。

重複になるが、「介護ＢＣＰ」を策定するためのポイントを再確認しよう。福祉介護施設は「極力継続しなければならない事業」であることが特徴である。地震、風水害、パンデミックに際し、いかに甚大な被害を受けようとも極力入所者の安全を確保することが、福祉介護施設の使命である。とくに、夜間や休日など就業外の時間帯に災害に見舞われた場合には、絶対的に介護スタッフが不足する。たとえば、大地震に引き続き、津波被害が見積られる場合には、きわめて少ない人数で入所者を安全な場所に移送しなければならない。

この対策として、あらかじめ避難の必要がない入所者の居室の特定、日頃の反復訓練による搬出時間の短縮や移送技量の向上、および非番者の迅速な駆け付け支援の必要性などが挙げられよう。そのためには、日頃の訓練による即応体制の維持や職員間の緊密な連携が必要である。一定の規模の法人などで複数の施設を運営している場合には、緊急事態発生時に要員の確保が困難なときには、勤務環境や取得資格に応じ、逐次応援に出向くことができる態勢を整えることが重要である。極力、事業が中断されないためには、非常事態における要員の確保は第一優先であり、業務継続に不可欠な事項である。規模が小さく要員の確保が不可能と思われる施設では、いくつかの近隣の施設とあらかじめ協定や事前調整をしておき、お互いに支援しあう態勢をとる必要がある。さらに近隣自治体や行政との事前調整を行い、受援態勢を整え、ボランティアの受け入れなどにより、非常事態を乗り越える必要がある。施設建物の損壊などの大被害や職員の大多数の死傷などによる支援体制崩壊時には、「代替戦略」への移行についても考慮しておく必要がある。

ＢＣＰを策定するに際し、とくに重要な事項は以下の４点である。

（1）全部署の関与

災害対策は、「総務部署」または、「安全健康部署」が担当する形態が多いと思われるが、ＢＣＰの場合には、これらの部署に加え、人事、法務、広報、生産、営業、販売、流通などのすべての部署が連携し、情報を共有して準備・対処しなければならない。総務部門が中心となってＢＣＰに関する各種業務や調整を行ったとしても、ＢＣＰの目的達成には全部署が関係してくることを認識しておかなければならない。このなかの一部署だけが完璧な対応をしても意味がない。一方、すべての部署が完璧なのに一部署だけ不具合があっても、組織に対する評価はすべて水泡に帰してしまう。

ＢＣＰ策定を総務部門だけに押し付けてしまうと、たとえば地震の被害発生時、生産はどのような方針で対処するのだろうか？　サプライチェーンからの原材料の入手は可能なのだろうか？　流通は機能するのだろうか？　営業部署はいったい何を担当するのだろうか？　人事は、安否確認や社員の派遣支援、負傷者、死亡者発生時の対応などを行うのだろうか？　会社全体で事業を継続する、あるいは早期に復旧するためには、連携が不可欠である。介護施設の場合でも同様に、業務を極力中断させないために、あるいは早期に復旧するために、全部門が関与しなければ組織としてＢＣＰは完結しない。それぞれ通常の編成に基づく任務に加え、ＢＣＰにおける役割が生じてくる。

(2) リスクの見積り

本書でのリスクとは不利益となる事象が起こる可能性のことであり「発生頻度×重大性」でその大きさが表せる。自社、自法人にとってリスクは何なのか、どのようなリスクに対応すべきなのかを見積ることが重要である。東日本大震災は「想定外」と言われることが多かったが、あらゆることを想定してリスクに備えてもらいたい。

日本周辺では、地球の表面を覆っている４つの大きな岩盤プレートが重なり合っており、世界中で発生する地震の20％が日本周辺で発生している。そのため、内閣府の中央防災会議は、首都直下、東海、東南海３連動地震の発生確率は今後30年以内に70％以上あると発表しており、東日本大震災のようなマグニチュード８または９の地震および津波に備える必要がある。

また、日本は台風や集中豪雨により洪水や土砂災害が発生しやすい地理的位置に所在している。河川や海岸からの水の被害を念頭に置く必要がある。河川の氾濫区域は国土の10％に過ぎないが、河川や海岸線沿いに約50％の住民が生活している。また、発生頻度はそれほど多くないが10年に1度くらいの確率で発生する新型コロナウイルスインフルエンザなどの世界的規模の感染症、パンデミックへの備えも必要になってくる。さらには、組織運営上のリスクも広範にわたる。

(3) 最初から完璧を目指さない

3番目に「最初から完璧を目指すな」。BCPは、策定したその時点からすでに老朽化、形骸化が始まる。あまり力み過ぎることなく、事業継続計画をつくる(Plan)、計画について内容の教育を行い、実際に訓練を実施して(Do)、中身を検討する、不具合を抽出し、計画を評価する(Check)、計画が陳腐化していたり、現状にそぐわなかったりする場合には、経営層を含め改修・改善する(Action)というPDCAサイクルを回していかなければならない。PDCAサイクルという思考過程、作業手順が確立している組織や団体であれば、他のリスクや複合災害発生時にも適切な災害対応をとれるはずである。BCP策定のため、PDCAを回しながら、対応する体制を構築しなければならない。

(4) 平時からの準備

平時のうちに準備しておくことが、事業を継続するために、あるいは被害を局限して早期に事業を復旧させるために重要である。災害発生後に社員、契約先、サプライヤーの連絡先リストを作成することは、目の前で建物が崩れ、けが人の処置をしている場合には不可能である。職員が一カ所に参集しており、指揮系統が明確であり、かつ指揮官の号令によりBCP発動を下令することが適切な場合には、命令により行動を開始すべきであるが、災害が発生してから、目の前にいる人間に対しその場で指示を出しても、そのとおりに行動するかどうかは大きな疑問が残る。災害が発生したら、それぞれが、担当している部署に赴き、担当任務を確実に実施する。また、支店や他営業所から定まった様式に基づいて、人的被害状況、建物被害状況、インフラ被害、お客様の状況、周辺の被害状況を順序だてて報告してくる体制をつくる(報告様式は、記述式ではなく内容を選択するマークシート方式にしておくといいだろう)。

被災直後の劣悪な環境のなか、精神的にも肉体的にもパニック状態で細かい説明をするのは、発信する側も受信する側も大きな困難を伴う。施設長や各部の責任者も、災害対応の最前線で職員の指揮や情報収集など、現場で災害対策の中心となって行動しているはずであり、通信や上層部への連絡などできる余裕はないであろう。一般職員が誰でも報告の発信や受信ができるよう、十分な訓練を行っておく必要がある。

複数の拠点を有する法人などであれば、災害発生時の連絡用に、衛星電話もしくは、IP無線機またはMCA無線機を準備する必要がある。災害発生時には一般の電話回線は警察・消防・自衛隊など官公庁の緊急通信用に占有されてしまい、通話もメールの送受信もほとんど不可能になりかねない。衛星電話や無線機はそれほど複雑で、使用が困難な通信手段ではないが、普段から使っていなければ、災害発生時にいきなり通信機材を貸与されても、機器の操作、使用する電話番号、通信可能な場所などがわからなければ無用の長物になってしまう。やはり他の対策同様、平時から準備しておかなければならない。

2020年7月4日、熊本県南部を襲った豪雨による球磨川の氾濫で、球磨村の特別養護老人ホームの入所者14人が心肺停止（後に死亡と診断）となり、残る51人が救出されるという痛ましい災害が発生した。

「災害は忘れたころにやってくる」と言われていたことがあった。ところが今は、「災害はいつでも、どこでも発生しており、次は必ずあなたにやってくる」という状態である。当事者意識と危機感をもってＢＣＰを策定し、リスクに対処する必要がある。本書をご活用いただき、事業継続を阻害するリスクに備え、しっかり態勢を整え、安全、確実、迅速な対応を通じて、被介助者や職員を守っていただきたい。

最後に本書の出版に当たり、専門的見地からとても有益で貴重なコラムをお寄せいただいた白鷗大学教育学部の岡田晴恵教授と第４代統幕長の岩﨑茂氏に心からのお礼を申し上げたい。本書が読者のみなさまのＢＣＰ策定に大きく寄与することを祈念し、改めて関係者のみなさまに感謝の意を表するものである。

解説――あとがきにかえて

白井一成（社会福祉法人善光会 創立者）

本書では、介護施設でのBCPについて専門的に解説している。

本来BCPは、通常の業務として組織内の業務に組み込まれているべきであるが、実際には、不測の事態に備えている組織は非常に少ない。元来、人はブラックスワン（起こる確率は極めて低いが、甚大な被害がある事象）を過小評価し、それを回避するためのコストの支出を躊躇する傾向がある。ヘンリー・キッシンジャー元米国務長官も「予防的な措置をとった人は惨劇を回避したとして称賛されるよりも、それに必要なコストの支出を問われやすい」と指摘している。また、予防的な措置を施していても、危機が現実的なものとなった場合にプラン通りに動けず、大きな惨劇を引き起こしてしまう事例は枚挙に暇がない。

昨今の新型コロナウイルス蔓延により、介護施設の危機対応に世間の注目が集まっているが、これはＢＣＰを介護業界に普及させる千載一遇のチャンスである。介護施設は、人命を預かる事業である。実行可能なＢＣＰを策定して、確実な運用を行うことが強く求められている。本書の締めくくりとなる本稿では、社会福祉法人善光会の取り組みを紹介しつつ、経営学や組織論の知見から、ＢＣＰを可能とする組織のあり方を紐解きたいと思う。

ＢＣＰが成功する要件は、一にも二にも「人と組織設計」である。リーダーが中心となってＢＣＰを作成する必要があり、一朝有事の際は、リーダーにはＢＣＰを確実に遂行するという不退転の決意が求められる。また、そのプロセスや行動を下支えするために、環境の変化を常にモニタリングし、それが自社に対してどのような影響を及ぼすのかを測定したり、欠かさずにＢＣＰのアップデートを行うスタッフや組織を設計することも大事となってくる。

経営には、ＢＣＰで想定されるブラックスワン対応のみならず、あらゆるリスクに対するマネジメントの能力が求められている。これらは峻別されるべきではなく、同じ組織的枠組みのなかで論じられるべきである。介護施設の組織は決して特別なものではない。一般の事業会社の組織に近い力学が働くため、一般的な経営学や組織論から十分な示唆を得ることができる。

日本には、「和を尊ぶ」という聖徳太子由来の格言があるが、これは美しい日本文化を成す大きな要素といえるだろう。ただ、負の側面として、自分の考えを抑え、周囲に同調するという組織内の曖昧な「空気」により、閉鎖的で独善的な組織がつくられることが多い。結果的に、組織の意思決定の質は、個々の能力の総和よりも低くなる（集団浅慮という）。

教祖的カリスマリーダー（イノベーションを主導せず、組織に君臨する絶対的権力を保持し、組織全員が顔色をうかがうリーダー）が存在する場合には、そのプレッシャーにより、組織の思考がさらに奪われることになる。一代で成功した経営者であればあるほど、晩年には、過去の成功体験に囚われ、未来のための改革をなおざりにして、現状維持を図る傾向が強い。しかも、多くの場合、強権的になりがちである。所謂《いわゆる》、老害である。また、天下りのような形で組織を私物化したリーダーにも、同様の特徴がみられる。これらは、教祖的カリスマリーダーの典型例である。

ただ、公的な組織やオーナー不在の大企業のようなリーダー不在の組織でも、似たようなことが起こり得る。野中郁次郎の『失敗の本質』が描いたように、わが国の第二次世界大戦の開戦や戦争継続に至る意思決定は有名である。国家の命運という最上位課題を置き去りにしたうえで、軍部や省庁などの異なる利害の妥協の産物が、米国に宣戦布告することであった。合議制の弊害の最たるものである。

では、どのような組織とリーダーが望ましいのだろうか？

実は経営学の世界では、日本の「和を尊ぶ」という文化は、望ましい組織の代表例として高く評価されている。日本文化の肯定的側面である。１９８０年代までの日本企業の躍進は、世界的な耳目を集め、多くの欧米の経営学者がその成功要因の分析を進めた。いまでは、これらは経営学のひとつの学問領域として確立しており、「組織学習論」と呼ばれている。組織成員全員が、会社の理念やビジョンを共有し、個人の利益よりも組織を優先してコミュニケーションすることで、会社全体が一体となる。また、「改善」などの現場レベルのイノベーションを積み上げることで、長期的生存を可能とする動的な安定性を得ることができる。これらによって、組織はあたかも生命体のような振る舞いをするのである。

この営みを組織成員の視点から見ると、自分の利他的行動が組織全体を幸福にさせる。その結果、長期的には、個人を優先したときよりも高い報酬が自分に戻ってくることになる。このフィードバックプロセスには遅れが生じるため、頭で理解できても、実際に行動することは難しい。しかし、日本の「和を尊ぶ」という文化は、組織への求心力と帰属意識を高め、動機づけにより離職率の低下や業務改善を育み（集団凝集性と呼ばれる。集団浅慮はこのデメリットである）、個人主義的な文化を持つ国よりも組織学習を進めやすいという利点がある。

理論的には、経営層などのリーダーも組織学習を進めるべきであるが、これはリーダーの素養に大きく左右される。常に想定外の事態を考え、組織にイノベーションの方向性を指し示し、既成概念を壊しながらビジネスモデルを変革し、非常事態への対応も怠らない。これが経営者の本来あるべき姿だ。このように、ビジョナリーでリスクテイクができ、組織を鼓舞するリーダーが、組織には必要なのである。

ここまで人や組織のソフト面を論じてきたが、あるべき組織としてはこれで十分とは言えない。ソフト面が機能するためには、制度設計などのハード面も整える必要がある。仕組みとして個人と組織の利益を連結し、評価と報酬を明確にすべきである。

株式会社では、株主が経営者に対して、経営者が従業員に対して、業績向上を求め、その評価を行い、それに見合った報酬を配分する。一方、株式会社自体は、自社商品が属する市場や顧客からの厳しい選択によって、常に生存競争に晒されている。このように、株式会社には一気通貫の評価制度の連鎖が存在しており、これが企業活動の健全性を担保している。

株主が経営者を評価する際には、株主の資本を経営者がどれだけうまく運用できたかが問われる。株主は経営者に会社の資本の運用を託す。業績が悪ければ経営者を退任させることができる一方、業績を高めることができれば経営者の報酬を上げて報いるという信賞必罰の仕組みである。

介護事業を営む法人の大半を占めているのは社会福祉法人である。社会福祉法人には株主が存在しないため、経営の巧拙に対する正当な評価ができず、経済活動としての資本家や経営者の参入も見込めない。社会福祉法人では、制度的に、ビジョナリーで大胆にリスクをとるリーダーが生まれてくる可能性は低い。

善光会では、チャレンジを続けることを義務として各々に課しているが、これは、社会福祉法人の制度的な問題点を、組織のルールを制定することで減殺することを企図したものである。具体的には、「業界の行末を担う先導者になる」、「業界のオペレーションの模範となる」という善光会の理念を掲げ、組織文化への浸透を図り、加えて、経営陣やスタッフのやる気と使命感を鼓舞することに注力する。また、全社的な取り組みとして、環境変化や業界動向に目を光らせながら、長期的な視点を保ちつつ、業界の発展に資する経営改善を持続的に行うことを、仕組みとして根付かせている。

もっとも、ビジョナリーでリスクテイクできるリーダーを正当に評価し、また育成することはそもそも非常に難しく、経営理論的にも確立されていない。アップル創業者のスティーブ・ジョブズが「アップルの利益を損なう」として一時的に会社から追放されていたことがあったが、これはその端的な例であろう。昨今の近視眼的かつ原理主義的な資本市場にも問題は大きい。ファンドなどの株主は、株価上昇のために企業に短期的な利益向上を求めることも少なくない。これに呼応して短期的な業績をもとに高額の報酬を要求するプロ経営者やジョブホッピングが持てはやされているが、これらが組織設計を一層複雑なものとしている。

また、株式会社の取締役に相当する社会福祉法人の理事は、経営や介護業界の専門家でない場合もあるため、迅速な意思決定ができない場合もあると聞く。社会福祉法人の介護事業は株式会社と近いルールで運営されているため、競争条件を整えるためにも、株式会社と同様の企業統治システムが望ましい。一定程度問題点を解決するために、善光会においては、理事会の下に執行役員会を設置し、迅速な意思決定を実現しつつ、その監視や監督と評価、重要な意思決定を理事会に託している。なお、社会福祉法人のなかには児童福祉施設のような社会のセーフティネットである福祉施設を運営している場合も多いが、これらの施設に経営の効率性を求める必要はないことは付言しておきたい。

他方、経営者の組織成員に対する評価は、経営学的にはある程度確立されており、介護業界でも十分にワークする。たとえば、定量的な側面のみならず、業務改善や従業員の学習の度合い、顧客満足度などを組織成員の評価基準とする「バランスドスコアカード（BSC）」という考え方は、長期的視点や多面的な評価モデルのひとつである。ただし、業界やビジネスモデル、組織目標によっても評価基準が変わるため、それぞれの組織に合わせて設計する必要がある。善光会においても、介護事業と善光会の理念に合わせてカスタマイズしたＢＳＣを導入しており、業務改善や学習による顧客満足度以外にも、各種センサーをつかった介護現場の自動化など、大きな成果を上げている。

本稿では、ＢＣＰのマネジメントを、組織の視点から説明することを試みた。人の集団である組織というのは、因果関係も全体像もはっきりしないジャングルのような複雑怪奇なものである。そのため、総花的ではあるが、組織のあらゆる性質に触れることで全体像を描き出すことを心がけた。みなさまの経営とＢＣＰ計画立案の一助となれば幸いである。

参考文献

「事業継続ガイドライン」第3版　２０１３年8月改定　内閣府
「首都直下地震の被害想定と対策について（最終報告）」２０１３年12月　内閣府中央防災会議
「福祉避難所の確保・運営ガイドライン」２０１６年4月　内閣府
「福祉施設の事業継続計画（ＢＣＰ）作成ガイド」公益財団法人東京都福祉保健財団
「社会福祉施設・事業所における新型インフルエンザ等発生時の事業継続ガイドライン」　厚生労働省
「東京都帰宅困難者対策ハンドブック」東京都
「福祉施設経営における事業継続計画ガイドライン」２００９年3月　全国社会福祉施設経営者協議会
「企業における情報セキュリティガバナンスのあり方に関する研究会報告書　参考資料」　経済産業省
「事業継続力強化計画認定制度の概要」２０１９年　中小企業庁
『ＢＣＰ入門』　日本経済新聞出版社

【編者略歴】

サンタフェ総合研究所（さんたふぇそうごうけんきゅうじょ）

社会福祉法人善光会内に設置されたシンクタンク。設立は2017年10月。善光会内の革新的取組みから蓄積した福祉領域における経営、組織マネジメント、オペレーション、人材育成における知見をさらに高め、介護業界に提供する事業を運営。サービスとしては介護事業者向け経営コンサルティング、介護ロボットメーカー向け開発・販売コンサルティングを展開。各種コンサルティング以外にも介護ロボットの運用ができる人材育成のための「スマート介護士」資格の企画・運営および、介護福祉事業者向け情報管理システム「スマート介護プラットフォーム（略称「SCOP」）」の開発と販売を手掛ける。また2020年からは厚生労働省が主導する「介護ロボットの開発・実証・普及のプラットフォーム事業」において、介護ロボットの評価・効果検証を実施するリビングラボに「サンタフェ総合研究所 Care Tech Zenkoukai Lab」として選定された。開発実証のアドバイザリーボード兼先行実証フィールドを務めるほか、政策的課題解決に向けた提言を実施している。

ゼロからわかる・できる！

介《かい》護《ご》事《じ》業《ぎょう》のためのBCP入門《にゅうもん》

1冊《さつ》で基本《きほん》から運用《うんよう》、復旧《ふっきゅう》まで

2021年1月25日　初版第1刷発行

編　者　サンタフェ総合研究所
発行者　岩野裕一
発行所　株式会社実業之日本社
〒107-0062　東京都港区南青山5-4-30
CoSTUME NATIONAL　Aoyama Complex 2 F
電話　03-6809-0452（編集）
03-6809-0495（販売）

ホームページ　https://www.j-n.co.jp/
印刷・製本　大日本印刷株式会社

ISBN 978-4-408-33969-6（新企画）